진정성 리더십

일러두기

- 'emotional intelligence'는 '감성지능, 정서지능' 등으로도 번역되나 이번 How to Live & Work 시리즈에서는 '감정지능'으로 표기하였다. 유사한 경우로 'self-compassion'은 '자기 자비'로(유사 표현: 자기 연민), 'self-awareness'는 '자아 인식'으로(유사 표현: 자기 지각, 자기 인식, 자의식), 'self-knowledge'는 '자기 이해'로 (유사표현: 자기 인식) 번역어의 표기를 통일하였다.
- 이 책에서 두 편 이상의 글이 실린 지은이는 앞선 글에만 소개사항을 넣었다.

HBR'S EMOTIONAL INTELLIGENCE SERIES: AUTHENTIC LEADERSHIP

HOW TO LIVE & WORK #5

진정성 리더십

빌 조지 외 지음 | 도지영 옮김

머리와 가슴으로 사람을 이끄는 기술

21세기북스

차례

1
진정성 리더십 찾기

자아 인식을 통해 가치와 원칙을
실현하는 법

by 빌 조지, 피터 심스, 앤드루 맥린, 다이애나 메이어

빌 조지 Bill George
하버드대학교 경영대학원의 교수로 경영 관리management practice를 가르치고
있으며 의료 장비 및 기기를 판매하는 다국적 기업 메드트로닉Medtronic의 전
회장 겸 최고경영자다.

피터 심스 Peter Sims
경영 관련 글을 쓰는 작가이자 기업가다. 저서로는 『리틀 벳』 등이 있으며, 아
티스트들을 지원하는 재단 BLK SHP의 창립자이기도 하다.

앤드루 맥린 Andrew N. McLean
하버드대학교 경영대학원의 연구원이다.

다이애나 메이어 Diana Mayer
시티그룹Citigroup의 간부로 뉴욕에서 일했다.

이 글은 피터 심스와 빌 조지의 공저 『나침반 리더십』에서 발췌 후 각색하
였다.

지난 50년 동안 리더십을 연구한 학자들은 뛰어난 리더
가 지닌 스타일, 특색, 성격상의 특질을 찾기 위해 1,000건
이상의 연구를 진행했다. 하지만 어떤 연구도 이상적인
리더의 분명한 특징을 알아내지 못했다. 정말 다행한 일
이다. 만일 틀에 박힌 듯한 리더십 스타일이 정해졌다면
사람들은 모두 항상 그 스타일을 따라 하려 했을 테니까.
그것은 자신의 모습을 드러내는 것이 아니라 정해진 모습
속에 가두는 행동이며, 이를 본 다른 사람들은 즉시 본모
습을 꿰뚫어볼 것이다.

다른 사람을 흉내 내려 해서는 절대 진정성을 발휘할 수 없다. 타인의 경험을 보고 배울 수는 있지만, 그 사람처럼 되기 위해 애쓴다 해도 성공을 이룰 수는 없다. 사람들은 누군가의 복제판 같은 모습이 아닌 우리의 진짜 모습, 즉 진정성 있는 모습을 보며 신뢰를 쌓는다. 미국의 생명공학 제약 회사인 암젠Amgen의 최고경영자이자 대표 이사인 케빈 셰어러Kevin Sharer는 1980년대에 잭 웰치Jack Welch 밑에서 일하면서 값을 매길 수 없을 정도의 소중한 경험을 쌓았다. 하지만 이때 개인을 숭배하는 문화의 부정적인 면도 봤다. "모두가 잭 웰치처럼 되기를 원했습니다. 리더십에는 여러 모습이 있습니다. 타인을 모방하려 하지 말고 자신의 모습을 지켜야 합니다."

지난 5년간 리더에 대한 사람들의 불신도 깊어졌다. 그리고 21세기에 맞는 새로운 유형의 리더가 필요하다는 사실은 점점 분명해졌다. 2003년 빌 조지는 그의 책『진실의 리더십』에서 진정성을 가지고 사람들을 이끄는 새로운 리더 세대의 등장을 요구했다. 진정성이 있는 리더는 목적을 향한 열정을 보여주며, 자신의 가치관을 지속해서 실행하고, 머리뿐 아니라 가슴으로 사람들을 이끈다. 또한 장기적이고 의미 있는 인간관계를 맺으며 원하는 결과를 얻기 위해 자신을 관리한다. 진정성 있는 리더는 자신이 어떤 사람인지 알고 있다.

여러 최고경영자를 비롯해 『진실의 리더십』을 읽은 많은 독자들이 진정성 있는 리더가 되기를 간절히 원했고, 그 방법을 알고 싶어 했다. 그리하여 우리 연구팀은 '어떻게 진정성 있는 리더가 되고 그 모습을 유지할 수 있는가?'라는 질문의 답을 찾아 나섰다. 그리고 인터뷰를 통해 125명의 리더에게 리더십 능력을 어떻게 계발했는지 물었다. 이 인터뷰는 지금까지 진행된 리더십 계발 심층 연구 가운데 최대 규모였다. 인터뷰 대상자들은 자신의 가능성을 어떻게 발견했는지 터놓고 솔직하게 이야기해줬고, 인생 이야기와 개인적으로 힘들었던 부분, 실패와 성공 경험까지 숨김없이 나눠줬다.

우리가 인터뷰한 사람들의 연령 범위는 23세부터 93세 사이였으며, 10년 단위로 나눈 각 연령대에 적어도 15명 이상씩 분포했다. 인터뷰 대상자는 리더로서 보여준 진정성과 효과성에 대한 평판을 기준으로 삼아 선정했고, 우리가 개인적으로 알고 있는 내용도 반영됐다. 다른 리더들이나 학자들에게 추천을 받기도 했다. 그 결과 다양한 인종, 종교, 사회경제적 배경과 국적을 가진 남성과 여성 리더들이 대상자로 선정됐다. 이들 가운데 절반은 최고경영자였고, 나머지 절반은 영리 및 비영리 기구의 리더이거나 아직 경력을 쌓는 중인 리더, 그리고 이제 막 경력을 쌓기 시작한 젊은 리더들로 이뤄졌다.

이 인터뷰를 통해 우리는 왜 지금까지 진행된 1,000건 이상의 연구에서 이상적인 리더의 특징을 알아내지 못했는지 알게 됐다. 인터뷰 내용을 글로 옮긴 3,000페이지 이상의 문서를 분석하면서 우리 연구팀은 인터뷰 대상자들을 성공으로 이끈 어떠한 일반적인 특징도, 특성도, 기술도, 스타일도 보이지 않는다는 사실에 깜짝 놀랐다. 이들의 리더십은 그보다 각자의 인생 이야기 속에서 나타났다. 이들은 현실의 경험을 바탕으로 의식적, 잠재의식적으로 끊임없이 스스로를 시험했고, 마음속 가장 깊은 곳에서 자신이 누구인지 이해하기 위해 자신의 인생 이야기

를 재구성했다. 이를 통해 리더십의 목적을 찾았고, 리더
십을 발휘하려면 진정성을 드러내는 편이 더욱 효과적임
을 알게 되었다.

이 발견은 매우 고무적이다. 왜냐하면 정해진 특성이나
특질을 타고나야 리더가 될 수 있는 것이 아님을 밝혔기
때문이다. 누군가 어깨를 두드려주기를 기다릴 필요도 없
다. 속해 있는 조직에서 최고의 자리에 오르지 않아도 된
다. 대신 우리는 지금 당장 자신의 잠재성을 발견할 수 있
다. 인터뷰 대상자 가운데 한 명이었던 글로벌 광고대행
사 영앤드루비컴Young & Rubicam의 회장이자 최고경영자
앤 퍼지Ann Fudge는 이렇게 말했다. "우리는 모두 마음속
에 번득이는 리더십을 가지고 있어요. 기업에서든 정부에
서든 비영리 기구의 자원봉사 활동에서든 리더십을 발휘
할 수 있죠. 정말 어려운 것은 리더십이라는, 다른 사람을
위한 재능을 사용할 곳을 찾을 수 있을 만큼 자기 자신을
잘 이해하고 있는가 하는 부분입니다."

진정성 리더십을 찾으려면 자신을 계발하는 일에 전념
해야 한다. 음악가나 운동선수들처럼 자신의 잠재력을 발

견하기 위해 평생 노력을 기울여야 한다. 미국의 대형 식품 소매 유통 업체인 크로거Kroger의 최고경영자 데이비드 딜런David Dillon에 따르면 그가 만난 훌륭한 리더들은 대부분 스스로 깨달음을 얻었다고 한다.

"저는 회사의 직원들에게 회사가 경력 개발 계획을 세워주기를 기대하지 말라고 충고합니다. 자신을 계발할 책임은 각자에게 있습니다."

앞으로 이 책에서는 위의 인터뷰를 통해 얻은 진정성 리더십을 계발하는 방법을 소개할 것이다. 우선 무엇보다 중요한 사항은 진정성 리더십을 지닌 리더들이 자신을 인생에서 수동적인 관찰자가 아니라 경험을 통해 자아 인식을 발전시킬 수 있는 주체로 본다는 점이다. 진정성이 있는 리더들은 이러한 자아 인식을 바탕으로 자신의 가치와 원칙을 실현하는데 이는 때로 상당한 위험을 불러오기도 한다. 그래서 이들은 내면의 가치를 통해 부여받는 동기와 외부에서 보상과 인정을 얻으려는 마음 사이에서 신중하게 균형을 잡는다. 그리고 진정성 있는 리더 주변에는 확실한 지원팀이 있어 이들을 통해 이상과 현실을 통합하며, 자신이 현실에 기반한 삶을 살고 있다는 점을 확인받는다.

자신의 인생 이야기를 살펴보자

진정성 리더십을 향한 여정은 자신의 인생 이야기를 이해하는 데에서 출발한다. 인생 이야기는 우리가 경험한 내용의 맥락을 알려주며, 여기에서 우리는 세계적으로 영향력 있는 사람이 되기 위한 영감을 얻을 수 있다. 소설가 존 바스John Barth는 이런 글을 썼다.

"우리의 인생 이야기는 단지 '삶'이 아니다. 그것은 우리의 이야기다."

다시 말해 인생 이야기는 그저 살면서 겪은 사실에 그치는 게 아니라 중요한 의미가 있는 개인적인 이야기라는 것이다. 인생 이야기는 머릿속에서 영원히 돌아가는 녹음기와 같다. 우리는 인생에서 중요했던 사건과 개인적인 만남을 계속 반복해서 떠올리며 세상 속에서 자신의 자리를 찾으려 애쓴다.

진정성 있는 리더의 인생 이야기 속에는 그들이 경험한 모든 내용이 들어 있다. 그 속에는 부모님, 운동선수 시절의 코치, 선생님, 멘토에게서 받은 긍정적인 영향도 포함돼 있다. 하지만 많은 리더가 성공의 동기를 부여한 결정적인 것은 살아오면서 겪은 어려움이었다고 말한다. 그들은 실직이나 투병 경험, 가까운 친구나 친척의 이른 죽음, 따돌림을 당했을 때의 느낌, 동료와 차별을 받거나 동료에게 거절당한 일 등이 불러온 변화의 효과에 대해 이야기했다. 진정성 있는 리더들은 나쁜 일을 겪었을 때 자신을 희생자로 여기기보다 이를 통해 인생의 의미를 찾으려 했다. 어려움을 극복하고 인생을 이끌어갈 열정을 찾는 계기로 재구성해 받아들인 것이다.

이제 구체적인 사례를 살펴보자. 다국적 제약 회사 노바티스Norvatis의 회장 겸 최고경영자인 다니엘 바셀라Daniel Vasella는 우리가 인터뷰했던 그 어떤 리더보다 인생의 어려움을 가장 많이 겪은 사람이었다. 하지만 유년 시절에 처했던 몹시 어려운 환경을 극복하고 세계 제약 업계의 정점에 올랐다. 그의 인생 경로는 진정성 있는 리더가 되려는 사람이 떠나야 할 여정을 잘 보여준다.

다니엘 바셀라는 1953년 스위스 프리부르의 평범한 가정에서 태어났다. 어린 시절 온갖 병에 시달렸기 때문에 그의 마음속에서는 의사가 되고 싶다는 열정이 싹텄다. 다니엘 바셀라가 떠올릴 수 있는 첫 번째 기억의 배경은 병원이다. 네 살 때 식중독으로 입원했던 곳이다. 다섯 살 때는 천식이 시작됐고 이후 2년간 여름이면 스위스 동부의 산악 지방으로 홀로 요양을 떠났다. 그때마다 넉 달간 부모님과 떨어져 지내야 했는데, 이는 그에게 특히 힘든 경험이었다. 부모님 대신 그를 돌봐주던 사람이 알코올 중독자라 필요한 보살핌을 전혀 받지 못했기 때문이다.

여덟 살 때는 결핵을 앓았고, 이어 뇌수막염도 발병했다. 그래서 1년간 요양원에 머물러야 하는 처지가 됐다. 그동안 부모님이 그를 거의 만나러 오지 않았기 때문에 어린 다니엘 바셀라는 깊은 외로움과 향수병으로 괴로워했다. 그는 아직도 요추 천자를 받을 때 움직이지 못하도록 간호사들이 몸을 내리누르던 순간의 아픔과 공포를 기억하고 있다. 그러던 어느 날 새로 오신 의사 선생님 한 분이 시간을 내어 요추 천자의 각 과정을 설명해줬다. 다니엘 바셀라는 의사 선생님에게 간호사들이 처치 중에 몸을 내리누르는 대신 손을 잡아줄 수 있는지 물어봤다.

"놀라웠던 건 이번에는 요추 천자가 아프지 않았다는 거예요. 나중에 의사 선생님께서 '요추 천자가 어땠니?'라고 물어보셨고 나는 일어서 그를 꽉 안아줬어요. 용서, 보살핌, 동정심을 나타내는 그의 인간적인 몸짓에 나는 깊은 인상을 받았고 그런 사람이 되고 싶다고 생각했습니다."

그의 어린 시절은 내내 불안의 연속이었다. 열 살 때는 당시 열여덟 살이던 누나가 2년간의 암 투병 끝에 세상을 떠났다. 그로부터 3년 뒤에는 아버지가 수술을 받다 돌아가셨다. 어머니는 가족의 생계를 위해 멀리 떨어진 고장으로 일하러 떠나셨고 집에는 3주에 한 번만 돌아오셨다. 혼자 남겨진 그는 친구들과 맥주 파티를 벌였고 자주 싸웠다. 이런 생활은 그가 첫 번째 여자 친구를 만나고, 그녀의 애정으로 삶이 변화할 때까지 3년간 이어졌다.

스무 살이 되자 그는 의대에 진학했고 이후 우수한 성적으로 졸업했다. 의대에 다니는 동안 그는 어린 시절의 경험을 극복하고 자신이 희생자라는 기분을 떨치기 위해 심리 치료 방법을 찾았다. 분석을 통해 그는 자신의 인생 이야기를 재구성했고, 이 과정에서 한 사람의 의료인으로 환자를 치료하는 것보다 더 많은 사람에게 도움이 되고 싶다고 생각했다. 레지던트 기간이 끝나자마자 그는 취리히대학병원 의국장에 지원했지만 인사부에서는 그 자리를 맡기에는 그가 너무 젊다고 생각했다.

다니엘 바셀라는 실망하기는 했지만 놀라지는 않았다. 대신 자신의 능력을 의약품 방면에서 발휘해 영향력을 키우기로 마음먹었다. 그즈음 그는 재무와 경영 부문에도 점점 매력을 느끼고 있었다. 그리고 글로벌 복제약품 회사 산도스Sandoz의 제약 부문장과 이야기를 나누다가 미국 산도스에 입사 제안을 받았다. 그는 이후 5년간 미국에서 지내면서 자신을 자극하는 환경 속에서 재능을 꽃피웠다. 처음에는 영업 담당, 나중에는 제품 책임자가 되었고 산도스의 마케팅 조직에서 빠르게 승진했다.

1996년 산도스가 스위스의 의약 및 화학제품 제조 업체 시바가이기Ciba-Geigy와 합병했을 때 다니엘 바셀라는 아직 젊고 경험도 부족했지만 두 회사를 합친 새로운 회사, 노바티스의 최고경영자로 임명됐다. 그 자리에 오르자 리더로서 그의 재능이 활짝 펼쳐졌다. 그는 목숨을 구하는 신약을 통해 사람을 돕는 위대한 글로벌 헬스케어 기업의 모습을 그렸다. 이를테면 글리벡과 같은 약은 만성 골수성 백혈병에 매우 효과적인 약으로 판명됐다. 어린 시절 꿈꿨던 의사의 모습을 바탕 삼아 그는 노바티스에 동정심과 능력, 경쟁이 중심이 되는 완전히 새로운 기업 문화를 심었다. 이를 기반으로 노바티스는 업계의 강자가 됐고 다니엘 바셀라는 자애로운 리더로 우뚝 설 수 있었다.

인터뷰를 통해 진정성 있는 리더들이 각자의 인생에서 직접 영감을 얻은 이야기를 10여 개 들을 수 있었다. 다니엘 바셀라의 이야기도 그중 하나다. '리더로서의 힘을 어디에서 얻었는가'라는 질문에 이들은 일관적으로 인생의 변화를 가져온 경험에서 얻었다고 대답했다. 이 경험 덕

HOW TO LIVE & WORK

020

분에 이들은 자신이 가진 리더십의 깊은 목적을 이해하게
됐다.

자신의 진짜 모습을 파악하자

스탠퍼드대학교 경영대학원 자문위원회에
속한 75명의 위원에게 리더가 키워야 할 가장 중요한 능
력이 무엇인지 물어봤을 때 그들은 거의 만장일치로 자아
인식self-awareness을 꼽았다. 하지만 많은 리더들, 특히 리
더가 된 지 얼마 안 된 리더들은 자기 탐구를 위한 시간은
거의 가지지 않은 채 자기 자리를 확립하려 애쓴다. 이들
은 외부적으로 눈에 띄는 기준, 예를 들어 돈, 명예, 권력,
지위, 또는 주가 상승 등을 얻으려 노력한다. 이는 잠시 동
안 직업적인 성공을 가져다주기도 하지만 그 성공을 계속
유지하는 것은 불가능하다. 이들은 나이가 들면서 자신
의 삶에서 무엇인가 빠져 있다는 느낌을 받고 원하는 모
습을 이루려던 발걸음을 멈추게 된다. 자신의 진짜 모습

을 알아보려면 과거의 경험을 드러내고 검토할 용기와 솔직함이 필요하다. 그러면 리더로서 더욱 인간적인 모습이 더해지고 자신의 약한 모습도 기꺼이 남에게 보여줄 수 있다.

인터뷰에 응한 리더 가운데 미국 최대의 온라인 증권사 찰스슈와브Charles Schwab의 전 최고경영자였던 데이비드 포트럭David Pottruck이 있었다. 그는 누구보다 끈질기게 자아 인식을 향한 길을 걸어온 인물이다. 고등학교 때는 뛰어난 미식축구 선수였고, 펜실베이니아대학교에서는 최우수선수로 선발되었다. 펜실베이니아대학교의 경영대학원인 와튼 스쿨에서 MBA를 취득했고 종합금융회사인 시티그룹에서 잠시 일한 뒤 찰스슈와브의 마케팅 부문장이 돼 뉴욕에서 샌프란시스코로 옮겨왔다.

포트럭은 더는 열심히 할 수 없을 정도로 일에 몰두하는 사람으로, 새 회사의 동료들이 장시간 동안 일하며 공격적으로 결과를 독촉하는 자신의 스타일을 싫어하는 이유를 이해할 수 없었다.

"제가 이뤄낸 결과물이 저의 모든 것을 나타내줄 것으

로 생각했습니다. 넘치는 제 에너지가 누군가를 위협하고 공격할 수도 있다는 점은 전혀 생각하지 못했어요. 왜냐하면 저는 속으로 회사를 도우려 노력하는 중이라고 생각했기 때문이었죠."

"데이브, 동료들은 자네를 신뢰하지 않는다네"라는 상사의 말을 들었을 때 그는 큰 충격을 받았다. 그는 다음과 같이 당시를 회상했다.

"그 이야기를 들었을 때는 마치 단검으로 심장을 찔린 듯한 기분이었어요. 그리고 상황을 부정했습니다. 제가 생각하는 제 자신은 다른 사람들이 보는 제 모습과 달랐거든요. 저는 마찰을 일으킨다는 비난의 대상자가 됐지만 다른 사람의 눈에 어떻게 제가 자기 위주의 인물로 보이는지 전혀 알 수가 없었습니다. 그렇지만 제 마음 깊은 곳 어디에선가 상사가 준 피드백의 내용이 사실일지 모른다는 생각은 들었어요."

포트릭은 자신의 맹점을 찾아 극복하지 않는다면 성공할 수 없으리라는 사실을 깨달았다.

부정denial은 리더가 자아 인식 과정에서 만나게 되는 가장 큰 장애물이다. 리더는 어루만져야 할 자아와 달래야 할 불안감, 그리고 가라앉혀야 할 두려움을 가지고 있다. 진정성이 있는 리더는 피드백, 특히 듣고 싶지 않은 피드백일수록 더욱 귀를 기울여야 한다는 점을 깨닫는다. 포트럭의 경우 두 번째 이혼을 하고 나서야 마침내 자신에게 큰 맹점이 있다는 사실을 인정할 수 있었다.

"두 번째 결혼 생활이 무너진 후 저는 제가 결혼 상대자를 고르는 방식에 문제가 있다고 생각했습니다." 그러고 나서 심리 치료사를 찾았고 받아들이기 힘든 진실을 알게 됐다.

"좋은 소식은 결혼 상대자를 고르는 당신의 방식에는 아무 문제가 없다는 것입니다. 나쁜 소식은 남편으로서 당신의 행동에 문제가 있다는 점이죠."

그때부터 포트럭은 자신을 변화시키기로 단호하게 마음먹고 노력을 기울였다. 그는 당시를 이렇게 설명했다. "저는 마치 세 번이나 심장마비를 겪은 후 비로소 금연과 체중 감소가 필요하다는 사실을 깨달은 사람이나 마찬가지였습니다."

요즘 포트럭은 행복한 재혼 생활을 즐기고 있다. 그리고 아내의 건설적인 피드백을 주의 깊게 귀 기울여 듣는다. 때때로 특히 스트레스가 많은 상황에서 과거의 습관이 나오기도 한다는 점을 인정하지만 이제 그는 스트레스에 대처하는 몇 가지 방법을 가지고 있다.

"살아오면서 자존감의 기반이 되는 성공을 충분히 거뒀습니다. 그래서 저는 비판을 수용할 수 있고 이를 부정하지 않습니다. 마침내 실패와 실망을 받아들이는 법과 자책하지 않는 법을 배운 거죠."

자신만의 가치와 원칙을 실행하자

진정성 리더십의 기반이 되는 가치는 신념과 확신에서 나온다. 하지만 압박을 느끼는 상황 속에서 확인해보지 않으면 진정한 가치가 무엇인지 알기 어렵다. 상황이 순조로울 때는 자신의 가치를 나열하고 그에 따라 사는 일이 비교적 쉽다. 하지만 성공, 경력, 또는 삶 그 자체가 불확실한 상황에 놓여 있을 때야말로 나에게 가장 중요한 가치가 무엇인지, 나는 무슨 가치를 희생시킬 준비가 돼 있는지, 그리고 어떤 트레이드오프trade-off(하나를 얻기 위해 반드시 다른 하나를 잃어야 하는 상황–옮긴이)를 받아들일 준비가 돼 있는지 알게 된다.

리더십의 원칙이란 행동으로 옮긴 가치다. 가치의 기반을 단단히 세우고 위기 상황 속에서 이를 시험하면서 리더십을 발휘할 때 사용할 원칙을 만든다. 예를 들어 '타인을 위한 배려'라는 가치는 '구성원의 기여를 존중하고, 직업 안정성을 제공하며, 잠재력을 발휘할 수 있는 근무 환경 만들기'라는 리더십 원칙으로 이어질 수 있다.

미국의 화학 기업 헌츠먼 코퍼레이션Huntsman Corporation의 창업자이자 회장인 존 헌츠먼Jon Huntsman의 이야기를 살펴보자. 워터게이트 사건Watergate(닉슨 대통령의 재선을 획책하는 비밀 공작반이 워싱턴의 워터게이트빌딩에 있는 민주당 전국위원회 본부에 침입해 도청 장치를 설치하려다 발각, 체포된 미국의 정치적 사건–옮긴이)이 터지기 직전이었던 1972년, 닉슨 행정부에서 일하던 존 헌츠먼의 도덕적 가

치는 큰 시련을 겪었다. 존 헌츠먼은 잠시 동안 보건교육
복지부에서 근무한 후 닉슨 대통령의 최측근이었던 H. R.
홀드먼H. R. Haldeman 밑에서 일하게 됐다. "홀드먼의 지시
는 제 생각과 아주 달랐습니다. 저는 그의 지시에 따르지
않고 그 지시가 도덕적, 윤리적으로 옳은지 살폈죠. 홀드
먼이 진행하려는 일은 많은 경우 그 내용이 미심쩍었기
때문에 우리는 여러 번 부딪혔어요. 당시의 백악관에는
비도덕적인 일을 벌여도 된다는 분위기가 스며들어 있었
습니다."

어느 날 홀드먼은 백악관의 계획에 반대해온 캘리포니
아주 하원 의원을 함정에 빠뜨리는 일을 도우라고 헌츠먼
에게 지시했다. 그 하원 의원은 불법체류 노동자를 고용
했다고 전해지는 어느 공장의 공동 소유자였다. 그를 당
혹스럽게 만들 정보를 모으기 위해 홀드먼은 헌츠먼이 소
유한 회사의 공장장을 시켜 그 하원 의원의 공장에 불법
체류 노동자를 배치하라는 비밀공작을 헌츠먼에게 주문
한 것이었다.

"주어진 상황에 너무 빨리 대응하려다 보면 무엇이 옳

고 그른지 즉시 깨닫지 못할 때가 있습니다. 제게는 그때가 바로 그랬습니다. 이것이 옳은 일인지 충분히 생각해보지 않았죠. 본능적으로 옳지 않은 일이라는 생각이 스쳤지만 그 생각이 자리 잡기까지는 몇 분이 걸렸어요. 15분 뒤제 마음속 도덕적 잣대가 바로 섰고 이런 일을 하는 것은 옳지 않다는 생각이 확고해졌습니다. 어린 시절부터 나와 함께해온 가치들이 떠오르더군요. 공장장과 대화를 나누다 말고 그에게 말했죠. '이 일은 그만둡시다. 이런 게임을 하고 싶지 않아졌어요. 제가 당신을 불렀다는 것도 잊어버리세요.'"

헌츠먼은 자기 회사 직원을 이런 식으로 이용하고 싶지 않다고 홀드먼에게 말했다. "저는 우리나라의 두 번째 권력자에게 '노$_{no}$'라고 말했습니다. 그는 그 대답을 좋아하지 않았죠. 자기에게 충성하지 않는다는 이야기로 여겨졌거든요. 아마 작별을 고하는 편이 더 나았을지도 몰라요. 그래서 그렇게 했죠. 그 후 6개월도 채 되지 않아서 일을 그만뒀습니다."

외재적 동기와 내재적 동기 사이에서
균형을 맞추자

진정성 있는 리더는 동기 부여 의식을 높게 유지하고 삶의 균형을 지켜야 하므로 자신을 움직이는 동력이 무엇인지 파악하는 일이 매우 중요하다. 동기를 부여하는 요소에는 외재적 요소와 내재적 요소, 두 가지가 있다. 인정하기는 싫어하지만 많은 리더가 외부 세계의 기준을 중심으로 자신의 성공을 측정하려 한다. 이들은 승진과 물질적 보상으로 이어지는 세간의 인정과 지위를 누리고 싶어 하는 것이다. 반면 내재적 동기 부여 요소는 인생의 의미를 지각하는 데에서 온다. 이는 자신의 인생 이야기, 그리고 이 이야기를 어떤 틀에 넣어서 보는지와 긴밀하게 연관돼 있다. 개인적인 성장이나 다른 이의 발전을 도운 일, 사회적 대의명분을 짊어지는 일, 그리고 세상에 변화를 가져오는 일 등이 그 예라 할 수 있다. 핵심은 외부에서 받는 인정과 업무상 성취감을 주는 내재적 동기 사이에서 균형을 잡는 것이다.

인터뷰에 응한 많은 리더가 성공을 목표로 한다면 사회, 동료, 부모님의 기대에 사로잡히지 않도록 주의해야 한다고 조언했다. 미국의 컴퓨터 정보 기술 기업 휴렛패커드의 임원으로 수십 년째 실리콘밸리에서 일하고 있는 데브라 던Debra Dunn은 외부의 지속적인 압박이 있다는 점을 인정했다.

"물질적인 부를 쌓는 길은 분명하게 정해져 있습니다. 우리는 부를 어떻게 측정하는지 알고 있죠. 그 길을 따르지 않는 사람이 있다면 사람들은 그에게 무슨 일이 일어나고 있는 것인지 궁금해할 겁니다. 물질우선주의에 빠지는 것을 피할 수 있는 유일한 방법은 어디에서 행복과 만족감을 얻을 수 있는지 아는 것뿐입니다."

외적인 확인 수단을 벗어나 개인의 성취를 측정하는 일이 항상 쉽지는 않다. 성취 지향적인 리더들은 초창기부터 연이어 성과를 얻는 일에 매우 익숙해져 있으므로 내재적 동기를 따르는 데 용기가 필요하다. 하지만 어느 시점이 되면 대부분의 리더는 참으로 의미 있는 성공을 거두려면 더욱 어려운 질문에 답해야 한다는 사실을 깨닫게 된다. 컨설팅 전문 회사 맥킨지에서 근무하는 앨리스 우드워크는 29세의 나이에 이미 눈에 띄는 성공을 거뒀다.

"저의 성취 기준은 꽤 순진해서 어린 시절처럼 칭찬을 받고 스스로를 가치 있는 존재로 느끼는 것이었습니다. 하지만 그런 일에 마음을 빼앗기면 의미 있는 목표를 향해 나아가지 못해요."

내재적 동기는 자신의 가치에 부합하며, 외재적 동기보다 더 큰 만족감을 준다. 뉴욕증권거래소의 최고경영자인 존 테인John Thain은 이렇게 말했다.

"저는 무슨 일이든 제가 그 일을 정말 잘하고 있다는 사실에서 동기를 부여받습니다. 하지만 여러 사람을 이끌어 사회에서 제 영향력을 증폭시키는 일을 더 좋아합니다."

또 미국의 시사 주간지 「타임」의 회장이자 최고경영자인 앤 무어Ann Moore의 이야기를 들어보자.

"제가 25년 전 이 업계에 들어온 건 그저 잡지와 출판계가 좋았기 때문이에요."

무어는 경영대학원을 졸업한 후 10여 곳의 기업에서 입사 제안을 받았지만 출판업에 대한 열정을 가지고 있었기에 그 기업들 가운데 급여가 가장 낮았던 「타임」을 선택했다.

지원팀을 만들자

리더는 혼자 성공할 수 없다. 겉으로 보기에 굉장히 자신감이 넘쳐 보이는 임원이라도 지원과 조언이 필요하다. 여러 관점을 제시해주는 탄탄한 인간관계가 없으면 우리는 나아갈 길을 쉽게 잃어버릴 수 있다.

진정성이 있는 리더에게는 바른 방향으로 나아가도록 도움을 주는 특별한 지원팀이 있다. 리더가 불확실한 상황에 놓였을 때 조언을 구할 수 있고, 어려운 시기에 도움을 얻으며, 성공을 거뒀을 때 축하해주는 그런 사람들이 바로 지원팀이다. 힘든 시기가 지나고 나면 리더는 마음을 열고, 약한 모습도 드러낼 수 있는 믿을 만한 사람들과 함께 시간을 보내며 안정을 찾는다. 리더는 일이 잘 풀리지 않을 때면 자신이 위치한 자리가 아닌 자신의 모습 있는 그대로를 받아들여주는 친구들을 소중히 여기게 된다. 진정성이 있는 리더는 지원팀을 통해 자신의 결정에 관한 확인을 구하고, 조언을 얻으며, 균형 잡힌 사고를 하게 되고, 필요할 경우 진행 경로를 수정받는다.

여러분은 자신의 지원팀을 어떻게 꾸리고 있는가? 진정성을 지닌 대부분의 리더는 다면적인 지원팀을 갖추고 있다. 여기에는 배우자나 혹은 그만큼 중요한 사람들, 가족, 멘토, 가까운 친구, 그리고 동료들이 포함된다. 진정성 있는 리더들은 시간을 들여 인간관계를 구축하고, 경험과 역사를 공유한다. 그리고 가까운 이들에게 마음을 열면서 시험에 든 불확실하고 어려운 상황을 이겨낼 신뢰와 자신감을 얻는다. 리더라면 자신이 받은 만큼 지원팀에게 혜택을 베풀어 상호 이익이 되는 관계를 발전시켜야 한다.

지원팀을 구성하기 위한 첫걸음은 단점까지 포함한 자신의 모습을 전부 보일 수 있고, 그럼에도 여전히 조건 없이 자신을 받아줄 수 있는 사람을 인생에서 단 한 명이라도 만드는 것이다. 보통은 그 사람이 자신에게 가장 솔직하게 진실을 말해줄 수 있는 유일한 사람이 된다. 대부분의 리더는 배우자와 가장 친밀한 관계를 맺지만, 때에 따라 다른 가족이나 가까운 친구 또는 신뢰하는 멘토와 이런 관계를 맺기도 한다. 조건 없는 지지를 받을 수 있는 리더는 자신의 진짜 모습을 받아들일 가능성이 더 높아진다.

많은 인간관계가 장기간에 걸쳐 공통된 가치와 동일한 목표를 나누면서 발전한다. 벤처캐피털 회사인 클라이너 퍼킨스 코필드 앤드 바이어스Kleiner Perkins Caufield & Byers 의 랜디 코미사르Randy Komisar는 아내인 휴렛패커드의 데브라 던과 결혼 생활을 지속할 수 있는 이유는 서로 비슷한 가치관을 가지고 있기 때문이라고 말했다.

"데브라와 저는 매우 독립적인 사람들이지만 개인적인 소망이나 가치, 원칙에 대해서는 아주 궁합이 잘 맞습니다. 우리는 '이 세상에 무엇을 남기고 갈 것인가?'와 같은 질문을 매우 중요하게 생각하죠. 인생에서 우리가 무엇을 할 것인지에 대해 데브라와 생각의 조화를 이루는 일은 무척 중요합니다."

인생을 바꿔놓은 멘토를 만난 리더도 많다. 최고의 멘

토링 관계는 서로 배우고, 동일한 가치를 탐구하며, 기쁨을 나누는 사이에 싹튼다. 만일 멘토의 삶에는 관심이 없으면서 멘토에게 도움만 받으려 한다면 그 관계는 오래 이어지지 않을 것이다. 멘토 관계는 양방향 관계라는 속성을 통해 유지된다.

사적인 지원팀과 공적인 지원팀은 여러 형태로 나타날 수 있다. 투자은행 파이퍼 제프리Piper Jaffray의 태드 파이퍼Tad Piper는 AA모임Alcoholics Anonymous의 회원이다.

"이 모임에 나오는 사람들이 최고경영자들은 아닙니다. 술에서 벗어난 삶을 영위하려 애쓰며 열심히 일하는 좋은 사람들일 뿐이죠. 우리는 마음을 열고, 솔직하게 터놓으며, 서로 약한 모습을 보일 수 있도록 도와줍니다. 12단계를 거치며 훈련받은 방식대로 술에 대한 의존성을 이야기함으로써 우리는 금주 활동을 이어나갈 힘을 서로 북돋아주는 거예요. 그냥 말만 하는 것이 아니라 이 문제에 대해 생각하고 실제로 행동에 옮기는 사람들에 둘러싸여 있다는 것을 저는 행운이라고 생각합니다."

파이퍼는 빌 조지의 경험에서 영향을 받았다. 1974년 빌 조지는 어느 주말 모임 이후에 만들어진 남성 친목 모임에 가입했다. 그 후 30년 이상 지났지만, 그 모임 사람들은 여전히 매주 수요일 아침마다 만나고 있다. 만나면 서로의 안부를 물으며 모임을 시작한 뒤 모임 회원 가운데 누군가 겪고 있는 특별한 어려움에 관해 이야기를 나눈다. 여덟 명의 회원 가운데 한 명이 고른 주제에 대해 다같이 토론을 하기도 한다. 이 토론은 열려 있으며, 문제를 면밀히 살피고, 때로 깊이 있게 진행된다. 이들에게 성공의 핵심은 선입견이나 비난 또는 보복에 대한 두려움 없이 정말로 믿는 바를 말하는 것이다. 여기에 속한 회원들은 모두 이 모임이 그들의 인생에서 중요한 부분을 차지한다고 생각한다. 이 모임을 통해 자신의 신념, 가치, 그리고 핵심적인 문제를 분명히 이해할 수 있으며, 무엇보다 자신에게 필요한 솔직한 피드백을 얻을 수 있는 곳이라고 여긴다.

쉽게 흔들리지 않도록 삶을 통합하자

리더가 맞닥뜨리는 가장 큰 어려움 가운데 하나가 바로 삶을 통합하는 일이다. 균형 잡힌 삶을 살기 위해서는 일, 가족, 지역공동체, 친구 등 삶의 모든 구성 요소를 하나로 합쳐 어떤 상황에서도 같은 모습으로 존재할 수 있어야 한다. 자신의 삶을 집에 비유해보자. 인생의 개인적인 부분은 침실, 업무적인 부분은 서재, 가족과 관련된 부분은 거실, 친구와 나누는 부분은 응접실이라고 하자. 여러분은 각 방의 벽을 허물고 각각의 상황에서 동일한 사람으로 있을 수 있는가?

온라인 경매, 인터넷 쇼핑몰 기업 이베이의 사장이자 글로벌 컨설팅 회사 베인앤드컴퍼니의 전 글로벌 총괄 임원이었던 존 도나호John Donahoe가 강조하는 것처럼 진정성이 있다는 것은 어디에 있든 자신의 모습을 유지한다는 의미다. "가만히 있으면 상황이 우리의 모습을 바꿉니다. 살아가면서 나라는 감각을 유지하기 위해서는 의식적인 선택을 해야 합니다. 때로 그 선택은 아주 어려울 수도 있고 많은 실수를 거듭하게 될 것입니다."

진정성 있는 리더는 꾸준히 자신감 넘치는 모습을 보인다. 하루는 이런 모습이었다가 다음 날에는 저런 모습으로 바꾸지 않는다. 통합적인 삶을 살기 위해서는 훈련이 필요하다. 그리고 특히 스트레스가 많은 시기에는 상황에 대응하려 자칫 나쁜 습관을 다시 드러내기 쉽다. 도나호는 삶을 통합하면서 자신이 더욱 효과적으로 리더십을 발휘하게 됐다고 굳게 믿고 있다.

"열반nirvana은 어디에도 없죠. 힘든 상황은 언제나 이어집니다. 나이가 든다고 해서 트레이드오프의 상황에서 선택하는 일이 더 쉬워지는 것은 아닙니다."

하지만 진정성이 있는 리더라면 삶의 개인적인 부분과 직업적인 부분이 제로섬게임zero-sum game(승자의 득점과 패자의 실점의 합계가 0이 되는 게임. 이 게임은 심한 경쟁을 야기하는 경향이 있다-옮긴이)으로 치닫게 하지 않는다.

"제 아이들이 직장에서 저를 훨씬 더 효과적으로 일하는 리더로 만들었다는 점을 저는 추호도 의심하지 않습니다. 사적으로 탄탄한 삶을 살아온 것이 일에도 큰 영향을 줬어요."

리더라는 위치는 스트레스를 무척 많이 받는 자리다. 사람, 조직, 결과를 책임지고, 지속되는 상황의 불확실성을 관리하는 데 스트레스를 피할 방도가 없다. 높은 자리에 올라갈수록 자신의 길을 스스로 좌우할 수 있는 자유는 더 커지지만 그만큼 스트레스의 강도도 더 강해진다. 문제는 스트레스를 피할 수 있는가가 아니라 스트레스를 어떻게 관리해 자신만의 균형 감각을 유지할 것인가다.

진정성 있는 리더는 흔들리지 않는 일이 얼마나 중요한지를 늘 알고 있다. 가족이나 가까운 친구와 함께 시간을 보내는 일 외에도 신체 운동을 하고, 종교 활동에 참여한다. 지역공동체에 봉사하기도 하고, 자신이 성장한 지역을 방문하기도 한다. 이 모든 활동이 효과적으로 리더십을 발휘하는 데 필수적인 역할을 하며 진정성을 유지할 수 있도록 도와준다.

직원들에게 리더의 권한을 부여하자

지금까지 진정성 리더십을 찾는 과정을 이야기했으므로 이제는 진정성 있는 리더가 어떻게 조직 구성원에게 권한을 부여해 장기적으로 뛰어난 결과를 낼 수 있도록 하는지 알아보자. 이는 모든 리더에게 가장 중요한 일이다.

진정성 있는 리더는 리더십이 자신의 성공이나 혹은 부하 직원들의 충성을 얻는 일이 아니라는 사실을 알고 있다. 성공적인 조직을 이루기 위한 핵심은 모든 직급에 권한을 가진 리더가 있는 것이며, 여기에는 직속 보고를 하는 부하 직원이 없는 자리도 포함된다. 진정성이 있는 리더는 주변 사람들을 격려만 하는 것이 아니라 각 개인을 한 단계 성장시켜 각자 맡은 임무를 이끌 수 있는 권한을 부여한다.

제록스Xerox의 회장 겸 최고경영자인 앤 멀케이Anne Mulcahy는 파산 직전이었던 문서 관리 회사 제록스를 회생시켜 모두를 깜짝 놀라게 했다. 그녀에게는 직원들과 좋은 관계를 맺으며 권한을 부여하는 리더라는 평판이 매우 중요했다. 그녀의 전임자는 경영에 실패했고 뒤를 이어 제록스의 지휘권을 물려받으라는 제안이 왔을 때 회사는 180억 달러의 부채를 짊어지고 있었고 신용 한도는 바닥이 난 상황이었다. 주가 역시 끝을 모른 채 떨어지는 중이었고 직원들의 사기도 형편없이 낮은 상태였다. 설상가상으로 증권거래위원회는 제록스의 수익 인식revenue recognition 방식을 조사하고 있었다.

최고경영자 자리에 멀케이가 임명되자 멀케이 자신을 포함해 모두가 놀랐다. 멀케이는 현장의 영업 직원으로 그리고 본사 임원으로 제록스에서 25년간 일한 베테랑이었다. 하지만 재무나 연구 개발, 제조 쪽의 경험은 없었다. 더구나 재무 쪽의 경험이 전혀 없는 멀케이가 어떻게 회사의 위기에 대처할 수 있었을까? 그녀는 지난 25년간 쌓아온 직원들과의 관계를 최고경영자 자리에서 십분 활용했다. 게다가 그녀는 제록스라는 조직을 흠 잡을 데 없이 잘 이해하고 있었고, 무엇보다 진정성이 있는 리더라는 신뢰를 얻고 있는 사람이었다. 멀케이는 제록스를 위해서

라면 무슨 일이든 할 수 있는 사람이었고 모두 그 사실을 알고 있었다. 이 때문에 직원들은 그녀를 위해 특별히 더욱 노력했다.

최고경영자가 된 후 멀케이는 개인적으로 실적이 뛰어난 100명의 간부들을 전부 만나 앞으로 회사에 큰 어려움이 있겠지만 그래도 떠나지 않고 그 자리에 있어줄 수 있는지 일일이 물어봤다. "저를 지지하지 않는 사람들이 있다는 건 알고 있었어요. 그래서 그중 두 명과 직접 맞섰고, 제가 아닌 회사와 관련된 일이라고 말했습니다."

멀케이가 언급한 두 사람은 모두 규모가 큰 운영 부서를 이끌고 있었는데 결국 퇴사를 결심했다. 하지만 나머지 98명의 간부는 잔류를 택했다. 회사가 위기를 극복하는 내내 제록스의 직원들은 멀케이에게 힘을 얻었다. 그녀는 제록스가 과거의 영광을 되찾으려면 직원 여러분이 나서서 업무를 이끌어야 한다고 격려했다. 결국 멀케이의 리더십 덕분에 제록스는 100억 달러의 부채를 상환했다. 그리고 비용 절감과 혁신적인 신상품 출시에 힘입어 매출과 수익 성장을 일으키면서 파산을 면할 수 있었다. 제록스의 주가는 그녀가 취임할 당시보다 세 배나 상승했다.

멀케이처럼 모든 리더는 결과를 내야 한다. 진정성 있는 리더가 이끌어낸 결과가 리더십의 효과를 강화시키는 선순환 구조를 만들면 좋을 때나 나쁠 때나 그 결과를 유지할 수 있다. 리더로서의 성공이 재능 있는 직원을 불러 모으게 되고, 그들이 각자 맡은 팀원들에게 더 큰 도전을 할 수 있도록 권한을 위임하면서 모든 직원들의 활동이 공동의 목표를 향해 조정된다. 사실 진정성 있는 리더를 나타내는 궁극적인 지표는 지속적으로 뛰어난 결과를 내는 것이다. 진정성이 없다면 단기간에는 결과를 낼 수 있을지 몰라도 장기간에 걸쳐 지속적인 결과를 내기는 어렵다. 이를 위해서는 진정성이 있는 리더십을 발휘하는 것만이 유일한 방법이다.

진정성 리더십을 발휘하는 리더에게는 특별한 보상이 주어진다. 개인적으로 아무리 큰 성취를 이룬다 해도 직원들을 이끌어 가치 있는 목표를 달성하는 기쁨에 비할 수 없다. 직원들과 함께 결승선을 통과하면 그간의 고통과 괴로움이 일시에 사라지고, 그 자리에는 다른 사람에게 권한을 부여해 세상을 좀 더 나은 곳으로 만들었다는 내면의 깊은 만족감이 들어찬다. 이것이 바로 진정성이 있는 리더의 도전 과제이자 성취해야 할 일이다.

진정성이 있는 리더로 발전하기

이 글을 읽는 동안 여러분이 가진 리더십 계발의 토대는 무엇인지, 진정성 있는 리더가 되기 위해 걸어가야 할 길은 어떤 것인지 생각해보길 바란다. 그리고 다음의 질문을 떠올려보자.

1. **유년 시절 나에게 가장 큰 영향을 끼친 사람은 누구이며, 가장 큰 영향을 준 사건은 무엇인가?**

2. **자아 인식을 위해 어떤 방법을 사용하는가?** 진정한 나는 어떤 모습인가? '이게 진짜 나야'라고 스스로 생각했던 것은 언제였나?

3. **내가 마음속에서 가장 중요하게 여기는 가치는 무엇인가?** 그 가치는 어디에서 비롯됐는가? 어린 시절 이후로 그 가치가 크게 변했는가? 나의 가치는 나의 행동에 어떤 영향을 주는가?

4. **나의 외재적 동기 부여 요소는 무엇인가?** 그리고 내재적 동기는 무엇인가? 삶 속에서 외재적 동기와 내재적 동기의 균형은 어떻게 맞추는가?

5. **나는 어떤 지원팀을 가지고 있는가?** 나의 지원팀은 내가 더욱 진정성 있는 리더로 거듭날 수 있도록 어떻게 도와주는가? 나의 관점을 넓히려면 지원팀을 어떻게 다양화시켜야 하는가?

6. **나의 삶은 통합돼 있는가?** 인생의 여러 역할(사생활, 직장 생활, 가족생활, 지역공동체 생활) 속에서 같은 모습으로 있을 수 있는가? 그렇지 않다면 이를 방해하는 원인은 무엇인가?

7. **나의 인생에서 진정성은 무엇을 의미하는가?** 진
정성 있게 행동할 때 리더로서 더 효과적으로 활
동할 수 있는가? 리더로서의 진정성을 지키기 위
해 대가를 치른 적이 있는가? 있다면 그럴 만한 가
치가 있었는가?

8. *진정성 리더십을 발전시키기 위해 오늘, 내일, 그
리고 내년 한 해 동안 어떤 단계를 거칠 것인가?*

2
진정성의 역설

성장하기 위해서는 가식이 필요하다

by 허미니아 아이바라

허미니아 아이바라 Herminia Ibarra
프랑스 인시아드INSEAD 경영대학원의 조직행동학 교수이자 리더십과 학습
부문의 코라Cora 석좌교수다. 『아웃사이트』와 『터닝포인트, 전직의 기술』
등을 썼다. 트위터 @HerminiaIbarra에서 팔로우할 수 있으며 홈페이지
www.herminiaibarra.com을 운영 중이다.

진정성은 리더십에 있어 정량적인 기준처럼 여겨져왔다. 그러나 진정성의 의미를 지나치게 단순하게 이해하면 리더의 성장을 방해하고 영향력에 제한을 가져온다.

어느 의료 기관의 총책임자였던 신시아의 예를 살펴보자. 총책임자가 되자 신시아의 직속 부하 수는 열 배로 늘어났고, 감독해야 하는 사업의 범위도 커졌다. 갑자기 높은 자리로 승진하게 된 신시아는 약간 불안해졌다. 그녀는 솔직하고 협력적인 리더십을 굳게 믿었기 때문에 새로 만난 부하 직원들에게 흉금을 털어놓았다.

"저는 이 일을 잘하고 싶지만 약간 겁이 나요. 여러분의 도움이 필요합니다."

그러나 신시아의 솔직함은 역효과를 낳았다. 기꺼이 책임을 짊어질 자신감 있는 리더를 원했던 직원들의 신뢰를 잃은 것이다.

조지의 예도 살펴보자. 조지는 말레이시아 출신으로 자동차 부품 회사에서 간부로 일하고 있었다. 이 회사는 분명한 지휘 계통을 중시하며 합의에 따른 의사결정을 했다. 그러다 매트릭스 구조matrix structure(조직 구성원들이 원래 소속돼 있는 기능 부서에도 배치되고 동시에 현재 맡고 있는 생산품과 용역의 부문별로 나뉜 팀에도 배치돼서 2개의 단위 조직에 속해 두 사람의 상사를 두고 있는 형태. 매트릭스 구조에서는 전통적인 명령 통일의 원칙을 무시하고 한 직원이 상사 두 명의 지시를 받으며 보고를 하게 된다-옮긴이)를 가진 네덜란드계 다국적 기업이 이 회사와 합병했다. 새 회사에서는 논의를 통해 가장 좋은 아이디어를 고르는 방식으로 자유로이 의사결정을 하고 있었다. 하지만 조지는 이 방식을 쉽게 받아들일 수 없었다. 말레이시아에서 자라면서 배운 겸손이라는 미덕과 모든 면에서 모순되는 방식이었다. 360도 다면 평가를 하는 중에 상사는 조지에게 이전보다 적극적으로 아이디어를 제시하고 성과를 내야 한다고 조언했다. 조지는 조직 부적응자와 가식적인 관리자 사이에서 선택을 해야 한다는 생각이 들었다.

타고난 성향과 상반되는 일을 해야 할 경우 우리는 사기꾼이 된 듯한 느낌을 받는다. 그래서 진정성을 핑계로 내세워 마음의 평온을 지키고 싶어 한다. 하지만 이런 식으로 오랫동안 할 수 있는 일은 거의 없다. 신시아나 조지, 또는 수없이 많은 기업의 간부들이 지금까지 경험했던 것처럼 직급이 올라가거나 주변의 요구, 기대 사항이 바뀔 때는 특히 더 그렇다.

나는 리더십의 이행 과정에 대해 연구하면서 누구나 승진을 하면 안전지대comfort zone(익숙하고 안락하다고 느끼는 영역-옮긴이)를 훨씬 벗어날 수밖에 없다는 사실을 알게 됐다. 하지만 이와 동시에 자신의 정체성을 지키기 위해 강력한 대항 욕구가 나타난다. 자신에 대해서, 그리고 맡은 일을 잘해낼 수 있는 능력이나 새로운 환경에 대해 잘 알지 못할 때 우리는 보통 크게 움츠러들고 결국 익숙한 행동이나 양식을 드러낸다.

하지만 나는 연구를 통해 자아 개념이 가장 큰 도전을 받는 순간에 오히려 리더 역할의 수행 방법을 가장 많이 효과적으로 배울 수 있다는 사실을 밝혔다. 자신을 변화해야 할 존재로 인식하고, 여러 시행착오를 겪으면서 업무상의 정체성을 발전시키다 보면 자신과 잘 맞고, 조직의 변화하는 요구에도 부합하는 자신만의 스타일을 개발하게 된다.

그런데 여기서는 용기가 필요하다. 왜냐하면 배움이라는 것 자체가 보통 부자연스럽고 피상적인 행동에서 시작되기 때문이다. 그런 행동은 마음에서 우러나온 진짜 행동이라기보다 계산적인 행동이라는 느낌이 든다. 그렇지만 자신의 발전을 피하지 않고 최종적으로 보다 훌륭한 리더가 될 수 있는 유일한 길은 진정성 있는 자아 개념이 허용하지 않는 일을 시도하는 것뿐이다.

리더가 진정성 문제로 고심하는 이유

'진본authentic'이라는 단어는 전통적으로 예술 작품이 모조품이 아니라 진품인 경우를 뜻하는 표현이었다. 물론 리더십의 성격을 설명할 때는 다른 의미로 쓰인다. 그런데 여기에서 문제가 생긴다. 예를 들어 '진짜 나 자신'이라는 모습만 고수하면 사람은 경험에 의해 변화할 수 있다는 여러 연구 내용에 부합하지 않는다. 우리는 자기 성찰만으로 밝힐 수 없었던 자신 안의 여러 모습을 경험을 통해 발견할 수 있다. 게다가 리더가 모든 생각과 감

진정성이란 무엇인가?

진정성을 너무 엄격하게 정의하면 효과적으로 리더십을 발휘하는 데 방해가 될 수 있다. 아래는 진정성을 지나치게 엄격히 규정하고 있는 세 가지 예와 그에 따른 문제점이다.

자신에게 충실하기

어떤 자신을 말하는가? 우리는 삶 속에서 맡은 역할에 따라 여러 모습을 보인다. 새로운 역할을 맡아 경험을 쌓는 동안 발전하며 심지어 완전히 다른 모습으로 바뀌기도 한다. 그런데 아직 확실하지도 않고 형태도 잡히지 않은 미래의 자신에게 어떻게 충실할 수 있을까?

꼭 느끼는 대로 말하거나 행동해야 한다는 생각

리더가 생각하고 느끼는 바를 전부 그대로 드러낸다면 신뢰와 리더십의 효과를 잃어버리고 말 것이다. 특히 리더로서의 능력이 아직 검증되지 않은 경우에는 더욱 그렇다.

가치를 기반으로 하는 선택

더 큰 역할을 맡게 됐는데 과거 경험을 통해 형성된 가치를 기준으로 삼으면 잘못된 방향으로 갈 수 있다. 예를 들어 '운영상의 세부 사항까지 철저히 통제한다'는 가치는 자신의 진정성에는 부합할지라도 새로운 도전 과제 앞에서는 그릇된 행동을 초래할 수 있다.

정을 하나하나 전부 밝히며 완전히 솔직한 모습을 드러내는 것은 비현실적인 데다 위험한 일이다(앞의 글 '진정성이란 무엇인가?' 참조).

오늘날의 리더는 여러 이유로 진정성을 두고 고심한다. 첫째, 우리는 일하면서 더욱 자주, 더욱 근본적인 변화를 겪는다. 리더는 상황이 나아지도록 노력해야 한다. 이때 분명하고 확고한 자아 개념은 목표를 선택하고 이를 향해 나아갈 수 있는 나침반의 역할을 한다. 하지만 판세를 완전히 바꾸는 '*게임 체인지*game change'를 시도할 경우에는 처음에 살펴봤던 신시아의 경우처럼 엄격한 자아 개념이 마치 닻처럼 더 이상 앞으로 나아가지 못하도록 발목을 잡는 요소가 된다.

둘째, 세계화된 사업 환경 속에서 우리는 문화적 관념이 다르고 행동 방식에 대한 기대가 다른 사람과 함께 일하고 있다. 이 때문에 주변에서 기대하는 효과적인 업무 방식과 자신이 진정성이 있다고 느끼는 업무 방식 사이에서 선택이 필요하다는 생각이 들기도 할 것이다. 조지의 예가 바로 이런 경우다.

셋째, 오늘날처럼 어느 곳이나 소셜 미디어로 연결돼 있는 세계에서는 리더의 정체성이 항상 드러나 있게 마련이다. 회사의 간부로서만이 아니라 폭넓은 관심사와 별난 모습도 가진 한 인간으로서의 모습을 드러내는 일이 리더십 발휘의 측면에서도 매우 중요해졌다. 모든 사람이 볼 수 있도록 자신의 모습을 신중하게 골라 세상에 내놓아야 한다는 사실은 스스로 생각하는 자아 개념과 충돌할 수 있다.

조직에서 새로운 기대를 받는 수십 명의 유능한 간부들을 인터뷰하면서 나는 이들이 다음과 같은 상황에서 진정성 문제와 씨름하는 경우가 가장 많다는 사실을 알게 됐다.

익숙하지 않은 역할을 맡아야 할 때

누구나 알고 있듯 새로운 리더가 됐을 때 처음 90일은 아주 결정적인 시기다. 우선 재빨리 정해지는 첫인상이 중요한 역할을 한다. 사람들은 밖으로 자신의 모습을 많이 드러내야 하고, 성과에 대한 압박이 커진 새 자리에서 각자의 성격에 따라 서로 다르게 대응한다.

미네소타대학교의 심리학자인 마크 스나이더Mark Snyder 교수는 리더가 자신만의 스타일을 만들어나가는 방식에 영향을 주는 두 가지 심리적 특징을 발견했다. '자기 점검에 능한 유형high self-monitors(나는 카멜레온이라 부른다)'의 리더는 변화하는 자신의 모습을 가식적이라 느끼지 않으며, 상황이 요구하는 바에 잘 적응하고, 기꺼이 그렇게 한다. 카멜레온 유형의 사람은 대외적인 이미지 관리에 신경을 쓰면서 자신의 약한 부분은 허세로 가리려 한다. 그리고 새로운 업무 방식이 항상 처음부터 맞는 것은 아니지만 마치 새 옷을 고를 때처럼 자신과 자신을 둘러싼 환경에 적합한 방식을 찾을 때까지 끊임없이 새로운 시도를 한다. 그리고 이러한 유연성 덕분에 이들은 보통 빨리 승진한다. 하지만 카멜레온 성향이 바로 이들의 '진짜' 모습임에도 사람들이 이를 두고 솔직하지 못하다거나 도덕적 중심이 없다고 생각할 때 이 유형의 리더에게 문제가 생긴다.

이와 대조적으로 '자신에게 충실한 유형true-to-selfers(스

나이더 교수는 '자기 점검이 어려운 유형'이라고 불렀다)'의 사
람들은 자신이 진짜 생각하고 느끼는 내용을 그대로 표현
하는 경향이 있으며, 심지어 현재 상황이 요구하는 바와
자신의 생각이 반대되는 경우에도 그렇게 한다. 신시아와
조지처럼 자신에게 충실한 유형의 리더는 통찰력과 경험
을 쌓으며 자신의 스타일을 발전시키기보다 편안함을 느
끼는 행동에 지나치게 오래 집착한 나머지 자신에게 주어
진 새로운 요구 사항을 충족시키지 못하고 만다.

　「월스트리트저널」에 실린 캐럴 하이모위츠Carol Hymowitz
의 기사에서 신시아의 이야기를 읽고 직접 인터뷰를 해보
니 그녀가 바로 이런 상황에 갇혀 있었다. 신시아는 매우
인간적이고 모든 것을 드러내는 관리 방식에 충실했기 때
문에 지금까지 성공을 거둬왔다고 생각했다. 그래서 새로
만난 팀 앞에서도 자신이 약간의 불안함을 느끼고 있으며
앞으로 어찌해야 할지 모르겠다는 사실을 대놓고 인정하
면서 도움을 요청했다. 그리고 익숙하지 않은 업무를 배
우고 모든 결정 사항에 개입하면서 문제를 하나하나 전부
해결하려 끊임없이 일했다. 몇 달이 지나자 신시아는 완

전히 지쳐버렸다. 설상가상으로 처음부터 직원들에게 자신의 약점을 드러낸 탓에 그녀의 입지는 타격을 입은 후였다. 몇 년 후 신시아는 다음과 같이 이야기했다.

"진정성이 있다는 것은 불빛 아래 자신을 훤히 드러낸다는 의미가 아니었어요."

하지만 당시에 그녀는 그렇게 생각했다. 그 때문에 직원들에게 신뢰를 얻은 게 아니라 그 일을 수행할 능력이 있는 사람인지 의심을 받아야 했다.

이러한 상황에서 업무의 위임이나 적절한 소통은 자잘한 문제에 불과하다. 보다 근본적인 문제는 익숙하지 않은 환경에서 직원들과의 거리감과 친밀감 사이에 적절한 조합을 찾는 것이다. 스탠퍼드대학교의 심리학자인 데버라 그루엔펠드Deborah Gruenfeld 교수는 이러한 상황을 권위와 접근 가능성 사이의 밀고 당기기라고 설명했다. 리더가 권위를 가지려면 직원들보다 자신의 지식, 경험, 전문성을 우선시하면서 어느 정도 거리를 둬야 한다. 반면 직원들이 다가서기 쉬운 리더가 되려면 직원들과의 관계를 중시하면서 그들의 의견과 관점을 받아들이고 따뜻함과 공감 능력으로 직원들을 이끌어야 한다. 이 둘 사이의 적절한 균형을 찾는 일이 자신에게 충실한 유형의 리더에게는 커다란 진정성의 위기로 다가올 수 있다. 이들은 보통 '모 아니면 도' 식으로 행동하는 것을 매우 선호하기 때문이다. 신시아는 지나치게 직원들과의 거리감을 좁히면서 약점을 드러냈고 이 때문에 리더로서의 권위가 약화되고 진이 빠져버렸다. 전보다 더 광범위한 역할을 수행하게 됐던 신시아가 직원들의 신뢰를 얻어 업무를 잘 수행하기 위해서는 직원들과의 거리를 더 넓혔어야 했다.

아이디어(그리고 자신)를 홍보해야 할 때

높은 자리에 올라갈수록 대개 좋은 아이디어를 내는 데에서 그치지 않고 그 아이디어를 다양한 이해관계자들에게 홍보해야 하는 경우가 생긴다. 경험이 없는 리더, 특히 자신에게 충실한 유형의 리더는 보통 홍보를 통해 상대방을 설득하는 작업buy-in을 달가워하지 않는다. 이 작업이 정치적이고 인위적이라고 느끼기 때문이다. 그리고 자신은 업무 자체의 성과만으로 평가받아야 한다고 생각한다.

다음의 예를 살펴보자. 어느 운송 회사의 고위 간부인 앤은 담당 부서의 매출을 두 배로 늘렸고 핵심 프로세스를 근본적으로 다시 만들었다. 이런 탁월한 성과를 달성했는데도 상사는 앤이 직원들에게 영감을 주는 리더감이라고 생각하지 않았다. 앤도 모회사의 이사회 위원으로 활동하면서 자신이 의사소통을 효과적으로 하지 못했다는 점을 알고 있었다. 이사회의 회장은 큰 틀을 기준으로 생각하는 스타일이었기 때문에 세부 사항을 꼼꼼히 살피는 앤의 성향을 답답해했다. 회장은 앤에게 '지금보다 한 걸음 나아가 업무상의 비전을 생각하라'는 피드백을 줬다. 하지만 앤에게는 업무의 본질보다 형식을 더 중요시하라는 것처럼 느껴졌다.

"저에게 그런 태도는 속임수나 마찬가지예요. 듣기 좋은 이야기야 저도 할 수 있지만 사람의 감정을 가지고 장난치고 싶지는 않아요. 너무 티 나게 배후에서 다른 사람을 조종하는 듯한 일을 저는 못하겠어요."

뛰어난 성과를 내고 싶어 하는 많은 리더처럼 앤도 객관적인 사실, 수치, 스프레드시트상의 내용을 중시했고 감정의 메시지를 던져 직원들에게 영향을 미치고 영감을 주는 일은 진정성이 부족하다고 생각해 이를 거부했다. 그 결과 앤은 이사회 회장과 자꾸만 어긋나게 돼 그를 소중한 협력자로 삼지 못했고 계속 사실 자료만을 근거로 삼아 업무를 밀어붙였다.

많은 관리자가 자신이 가진 좋은 아이디어와 엄청난 잠재력을 더욱 널리 알리지 않으면 아무도 눈치채지 못하리라는 점을 절감하면서도 여전히 이를 적극적으로 홍보하지 못한다. 어느 관리자가 나에게 이렇게 말했다.

"저는 인맥이 아니라 업무적인 전문성과 능력을 바탕으로 네트워크를 넓힙니다. 경력 발전의 관점에서 보면 그다지 현명하지 못한 처사일지도 모르죠. 하지만 저는 신념과 어긋나는 일을 할 수가 없어요. 그래서 '윗사람들과의 네트워크'를 잘하지 못했습니다."

승진은 자신만을 위한 목표가 아니다. 승진을 통해 자신의 권한이 확대되고 조직 안에서 영향력이 커져 결국 조직 전체에 도움이 될 수 있다는 사실을 깨달을 때까지 우리는 영향력이 큰 사람들에게 자신의 장점을 알리는 일이 진심으로 필요하다고 느끼지 못한다. 특히 자신에게 충실한 유형의 리더는 자신의 능력이 아직 검증되지 않아 윗사람에게 자신의 능력을 알려야 하는, 자기 홍보가 꼭 필요한 상황에서조차 이 일이 너무 힘들기만 하다. 하지만 연구 결과에 따르면 리더가 경험을 쌓고 자신이 만들어낼 수 있는 가치에 대해 확신을 가질수록 자기 홍보에 대한 머뭇거림은 사라진다고 한다.

부정적인 피드백에 대응해야 할 때

성공한 간부들 가운데에도 역할이나 책임이 커지면 직장 생활 중에 처음으로 아주 부정적인 피드백을 받게 되는 경우가 많다. 그것이 별로 새로울 것 없는 내용의 비판일지라도 전보다 더 부정적으로 받아들인다. 직급이 높아진 만큼 부정적인 피드백에 따르는 결과도 여러모로 생각해야 하기 때문이다. 하지만 많은 리더들은 보통 '타고난' 스타일이 지닌 문제점은 효과적으로 리더십을 발휘하기 위해 어쩔 수 없이 치러야 하는 대가라고 확신한다.

어느 식품 회사의 생산 관리자인 제이컵의 예를 살펴보

자. 360도 다면 평가에서 제이컵은 감정지능, 팀 빌딩team building, 그리고 권한 부여 부문에서 직속 부하들에게 낮은 점수를 받았다. 한 부하 직원은 제이컵이 비판을 잘 수용하지 못한다고 적었다. 또 다른 직원은 제이컵이 폭발하듯 화를 내고 나서는 마치 아무 일도 없었다는 듯 갑자기 농담을 던지며, 자신의 감정 변화가 주변 사람들을 얼마나 불안하게 만드는지 모른다고 했다. 부하 직원들과 신뢰를 쌓아왔다고 철석같이 믿고 있었던 제이컵은 이 모든 피드백을 받아들이기 힘들었다.

피드백을 듣자마자 받았던 충격이 일단 가라앉고 나자 제이컵은 이런 비판을 받은 것이 처음이 아니라는 사실을 인정했다(몇몇 동료들과 부하 직원들이 몇 년 전에도 비슷한 이야기를 했었다).

"저는 직원들을 대하는 방식을 바꿨다고 생각했어요. 그런데 사실은 그때 이후로 그다지 달라지지 않았던 거죠."

하지만 상사에게는 자신의 행동을 재빨리 합리화시켰다.

"결과를 내기 위해서 때로 강하게 나가야 할 때가 있는

법이죠. 하지만 직원들은 이를 좋아하지 않아요. 이것도 업무의 일부라고 이해하셔야 합니다."

물론 제이컵은 핵심을 놓치고 있었다.

리더가 받는 부정적인 피드백은 보통 업무 역량이나 전문성보다는 스타일에 초점이 맞춰져 있기 때문에 이를 정체성에 대한 위협처럼 느낄 수 있다. 마치 '비장의 무기'를 포기하라는 요구를 받은 것처럼 말이다. 제이컵이 이런 식으로 받아들였다. 그렇다, 그가 벌컥 화를 냈을 수 있다. 하지만 제이컵의 생각으로는 매년 실적을 올릴 수 있었던 것은 자신의 '박력' 덕분이었다. 실제로 제이컵은 **그러한 스타일임에도** 그때까지는 성공적으로 직장 생활을 해왔다. 하지만 역할 범위가 넓어지고 더 많은 책임을 져야 하는 자리에 오르자 부하 직원들을 몹시 철저하게 감독하는 그의 업무 방식은 더욱 큰 장애물로 작용했다. 보다 전략적으로 사고해 목표를 추구해야 할 시간을 부하 직원 감독에 쏟아부었기 때문이다.

이러한 현상을 잘 보여주는 대중적인 예로 마거릿 대처 전 영국 총리를 들 수 있다. 대처 총리와 함께 일했던 사람들은 총리만큼 철저히 업무 준비를 하지 않으면 가차 없는 대접을 받게 된다는 것을 알고 있었다. 대처 총리는 공개적으로 직원에게 망신을 줬으며, 남의 이야기를 듣지 않는 것으로도 악명이 높았다. 그리고 타협은 겁쟁이들이나 하는 짓이라 믿었다. 세간에서 '철의 여인'으로 불리게 되자 대처 총리는 더욱더 자신의 생각이 옳다고 여기게 됐으며 강압적인 방식도 업무에 꼭 필요한 태도라고 확신했다. 대처 총리는 특유의 수사법과 강한 자기 확신의 힘으로 누구라도 복종시킬 수 있었고 점점 더 이에 능해졌다. 하지만 결국 이것이 대처 총리에게는 몰락의 원인이 됐고, 그녀는 자신이 구성한 내각의 각료들에 의해 내쳐졌다(다음 글 참고).

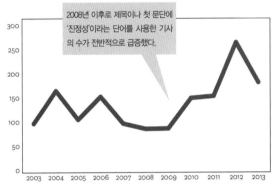

기업에서 진정성 훈련을 강조하는 이유

||||||||||||||||||||||||||||||||||||||||||||||||||||||||||||||||||||||||||||||||||||||||||||||||||||||||||||||||||||||||||

2008년 이후로 제목이나 첫 문단에 '진정성'이라는 단어를 사용한 기사의 수가 전반적으로 급증했다.

출처: 뉴욕타임스, 파이낸셜타임스, 워싱턴포스트, 이코노믹포스트, 포브스, 월스트리트저널, 하버드비즈니스리뷰

관리자는 수많은 책, 기사, 그리고 간부 대상 연수 프로그램을 통해 직장에서 진정성을 보이는 방법에 대한 조언을 얻을 수 있다. 다음의 두 가지 트렌드는 진정성이라는 개념과 이와 관련된 교육 프로그램의 폭발적인 인기 원인을 이해하는 데 도움을 줄 것이다.

첫째, 글로벌 홍보 컨설팅 업체 에덜먼의 신뢰도 지표 Edelman Trust Barometer에 따르면 2012년에는 비즈니

067

스 리더를 향한 신뢰도가 사상 최저로 떨어졌다. 신뢰
도가 다시 상승하기 시작한 2013년에도 비즈니스 리
더가 사실을 말한다고 믿는다는 사람은 겨우 18퍼센
트에 불과했으며, 기업이 옳은 일을 하고 있다고 응답
한 사람은 절반에도 미치지 못했다.

둘째, 몸담은 조직을 향한 직원들의 몰입도employee
engagement는 바닥을 헤매고 있다. 2013년 갤럽 조사
에 따르면 전 세계의 직장인 가운데 겨우 13퍼센트만
이 애사심을 느낀다. 조사 대상이 된 1억 8,000만 명
에 가까운 수의 직장인 가운데 심리적으로 현재의 일
에 헌신적인 노력을 기울이는 사람은 여덟 명 중 한
명에 불과했다. 여러 연구를 통해 직장인들이 경력 전
환을 하는 가장 큰 이유는 직장에서의 좌절이나 번아
웃, 환멸, 직장과 개인적 가치의 불일치라는 점이 밝
혀졌다.

대중의 신뢰와 직원들의 사기가 매우 저조하다는 점
을 생각하면 기업이 리더들에게 '진정한' 자신의 모습
을 찾으라고 독려하는 것은 전혀 놀라운 일이 아니다.

즐기는 마음가짐

자아 성찰을 너무 많이 하면 결과적으로 완고한 자아 개념이 생길 수 있다. 문제의 답을 구할 때 자신의 내면만 들여다보면 무심결에 구식으로 세상을 보는 눈이 굳어지고 시대에 뒤떨어진 자신의 관점을 강화하는 문제가 생긴다. 내가 아웃사이트outsight(외부 관찰력)라고 부르는 힘, 즉 새로운 리더십 행동을 시도할 때 얻어지는 외부적 관점을 이용하지 않으면 습관적인 사고와 행동 양식을 벗어나기 힘들다. 리더처럼 생각하려면 먼저 행동에 나서야 한다. 적극적으로 새로운 프로젝트와 활동에 참여하고, 자신과 아주 다른 부류의 사람들과 어울리며, 새로운 방식으로 업무를 처리해보는 다양한 시도를 해야 한다. 특히 불확실성이 높은 과도기를 지나는 중에는 경험이 사고와 성찰을 앞서야 하며 그 반대가 돼서는 안 된다. 행동은 자신이 누구인지, 그리고 시도할 만한 가치가 있다고 생각하는 일이 무엇인지에 대한 생각까지 바꿔놓는다.

다행히 아웃사이트를 키우고 '적절하게 진정성이 있는' 리더십을 발전시킬 방법이 있다. 우선 쾌활한 마음가짐이 필요하다. 리더십 계발을 일이라기보다 자신의 여러 모습을 즐겨볼 기회라고 생각하자. 일이라고 여기면 솔직히 말해 고역으로 느껴질 뿐이다. 즐기는 마음을 가지면 여러 가능성을 한층 더 쉽게 받아들이게 된다.

오늘과 내일의 모습이 달라도 괜찮다. 그렇다고 해서 자신이 아닌 것은 아니다. 그저 우리가 마주한 새로운 도전과 환경에서 무엇이 자신에게 적합한 모습인지 찾아내기 위한 실험을 하는 것이다.

나의 연구 결과에 따르면 리더십 계발을 시작하는 데는 중요한 방법이 세 가지 있다.

다양한 롤 모델 설정하기

대부분의 배움은 필연적으로 어떤 형태로든 모방이 일어나며 세상에 '독창적'인 것은 없다는 사실을 알게 해준다. 리더로 성장하는 데 있어 한 가지 중요한 사항은 진정성이란 자신의 고유한 상태가 아니라 다른 리더들에게 배

운 스타일과 행동을 스스로의 것으로 만드는 능력이라고
봐야 한다는 점이다.

하지만 어느 리더 한 사람의 스타일만 따르려 해서는
안 된다. 여러 다양한 롤 모델을 활용하라. 누군가를 완전
히 똑같이 따라 하는 것과 여러 사람의 모습 가운데 일부
를 선택적으로 골라 이를 수정, 보완해 자신만의 스타일
을 만드는 것 사이에는 큰 차이가 있다. 극작가 윌슨 미즈
너Wilson Mizner가 말했던 것처럼 한 사람의 작가를 베끼
면 표절이지만 여러 작가를 따라 쓰면 연구가 된다.

분석과 프로젝트 진행을 위주로 하는 업무에서 고객 자
문과 신규 비즈니스 영업으로 업무 영역을 발전시키고 있
는 기업금융 전문가들과 컨설턴트들에 대해 연구하면서
나는 이러한 접근법이 중요하다는 사실을 확인할 수 있었
다. 대부분의 연구 대상자들이 새 업무를 처리할 능력이
부족하다고 불안을 느끼고 있었지만 이들 가운데 카멜레
온 유형의 사람들은 의식적으로 유능한 상사들의 스타일
과 전략을 따라 했다. 예를 들면 회의 자리에서 긴장을 풀
기 위해 농담을 하는 방법이나 고압적으로 보이지 않으면

서 의견을 개진하는 방법 등을 따라 배우는 식이었다. 기본적으로 카멜레온 유형의 경우 자신에게 맞는 방법을 찾을 때까지 다른 사람의 모습을 계속 따라 했다. 그러자 이들이 노력을 기울이고 있다는 것을 알게 된 상사들이 코칭과 멘토링을 통해 암묵적으로 지식을 나눠줬다.

그랬더니 카멜레온 유형의 사람들은 오로지 업무를 기술적으로 완벽하게 해내는 데에만 애쓰는 자신에게 충실한 유형의 사람들에 비해 훨씬 더 빨리 진정성이 있으면서 업무에 능숙해 보이는 스타일을 갖추게 됐다. 자신에게 충실한 유형의 직원들은 상사가 '말만 그럴듯하게 할 뿐 내용은 하나도 없기' 때문에 롤 모델로는 적합하지 않다는 결론을 내리는 경우가 많았다. '완벽한' 롤 모델이 없는 상황에서 이들이 누군가를 따라 하기는 어려웠다. 이들에게 모방은 가짜였다. 안타깝게도 상사들은 이들이 유연하게 적응하지 못하는 모습을 보고 능력이나 노력이 부족하다고 받아들였다. 그래서 카멜레온 유형의 직원들에게 해줬던 멘토링이나 코칭을 이들에게는 그다지 많이 해주지 않았다.

발전을 위해 노력하기

성과에 대한 목표뿐 아니라 학습을 위한 목표를 세우면 자신이 가짜 같다는 느낌 없이 자신의 정체성을 실험하는 데 도움이 된다. 처음부터 모든 것이 자신에게 딱 맞으리라 기대하지 않기 때문이다. 그리고 이를 통해서 변화가 위협적이라고 느껴질 때에도 편안함을 느끼는 과거의 모습을 더 이상 지키려 하지 않고 앞으로 어떤 모습의 리더가 될 것인지 탐구하기 시작한다.

물론 누구나 새로운 자리에서 뛰어난 성과를 내고 싶어 한다. 올바른 전략을 적재적소에 사용하고 열심히 실행해 조직이 원하는 결과를 달성하려 하는 것이다. 하지만 여기에만 지나치게 몰두하면 배움을 위해 필요한 위험을 감수하려 들지 않는다. 스탠퍼드대학교의 심리학자 캐럴 드웩Carol Dweck 교수는 일련의 기발한 실험을 통해 타인의 시선에 신경을 쓰면 새롭거나 익숙하지 않은 업무를 익히는 데 방해가 된다는 점을 보여줬다. 성과 목표는 다른 사람들에게 자신의 소중한 자질, 지능과 사회성 기술을 보여주는 동시에 스스로에게도 이를 증명하고 싶다는 동기 부여가 된다. 이와 반대로 학습 목표는 그런 소중한 자질을 발달시키도록 해준다.

성과에 집중할 때 리더십은 가장 유리한 방식으로 자신을 드러내는 데 사용된다. 하지만 학습을 할 때 우리는 업무나 리더십에서 진정성을 추구하고 싶다는 갈망과 그만큼 중요한 성장에 대한 바람을 조화시킬 수 있다. 내가 만나본 어느 리더는 소규모 그룹을 이끌 때는 매우 유능한 모습을 보였지만 보다 규모가 큰 회의 석상에서는 새로운 아이디어를 열린 마음으로 받아들이는 것을 어려워했다. 그런 자리에서 프레젠테이션을 할 때면 다른 사람들의 발언 때문에 발표 요지를 벗어날까 두려워하며 길고 장황하게 이야기를 이어갔다. 그래서 여유를 가지고 즉흥적으로 대처하는 발표 스타일을 개발하기 위해 스스로 '파워포인트 사용 금지' 규칙을 정했다. 그러자 스스로 얼마나 많은 것을 배울 수 있었는지 알고는 깜짝 놀랐다. 발표 방식을 바꾸자 자신의 선호도가 바뀔 수 있다는 사실뿐 아니라 당면한 문제에 대해서도 더 많은 것을 배울 수 있었기 때문이다(다음 글 참고).

문화적 요인

||||||||||||||||||||||||||||||||||||||||||||||||||||||||||||||||||||||||||||||||||||||||||||||||||||||

상황이 어떠하든, 익숙하지 않은 환경의 책임자가 되든, 자신과 자신의 아이디어를 홍보해야 되든 아니면 부정적인 피드백에 답해야 하는 상황이든 여러 문화가 공존하는 환경에서는 효과적인 리더십을 발휘할 진정성 있는 방식을 찾는 일이 한층 어렵다.

인시아드(프랑스의 경영대학원으로 미국 외 나라의 MBA 가운데 최고의 명성을 자랑하는 명문 대학원-옮긴이)에서 나와 함께 근무하는 에린 마이어_{Erin Meyer} 교수가 연구를 통해 밝힌 것처럼 타인을 설득하는 방식과 설득력 있다고 생각하는 논거의 유형은 전혀 보편적이지 않다. 여기에는 각 문화권의 철학적, 종교적, 교육적 사고방식이 깊게 뿌리박혀 있다. 세상에는 각 문화권별로 다양한 리더가 존재하지만 그들이 보여야 할 모습이나 해야 할 말은 그만큼 다양하지 않다. 각 기업에서 문화적 차이를 이해하고 다양성을 추구하려고 애쓰기는 하지만 리더는 여전히 보다 단호하게 생각을 표현하고, 자신의 공을 내세우며, 직원들에게는 동기를 부여하고 영감을 줄 수 있는 카리스마가 있어야 한다는 기대를 받는다.

진정성은 이처럼 하나뿐인 듯한 리더십의 모습이 지닌 문제를 해결하는 수단이 돼야 한다(결국 진정성 리더십의 요지는 리더가 다른 사람이 기대하는 모습이 아니라 자신만의 모습을 가져야 한다는 것이다). 하지만 진정성이라는 개념이 통용되기 시작하면서 아이러니하게도 훨씬 더 제한적이고 문화적으로 특수한 어떤 개념이라는 의미를 가지게 됐다. 진정성을 발견하고 이를 증명하는 방법을 배우는 과정을 자세히 들여다보면 사실 진정성이란 매우 미국적인 개념이라는 것을 알 수 있다. 예를 들어 자신이 겪은 어려움이 무엇이었으며 이를 어떻게 극복했는지 개인적인 이야기를 하는 등 이 과정에서 나타나는 자기 노출self-disclosure과 겸손, 그리고 고난을 이겨낸 개인의 성공은 미국식 이상을 기반으로 삼고 있다.

그래서 권위나 소통, 집단의 노력에 대한 개념이 미국과 다른 문화권에서 온 관리자의 경우 진정성 리더십 때문에 진퇴양난에 빠진다. '진정성' 리더십의 내용을

> 따르려면 진정성이 없는 행동을 해야만 하는 이러지
> 도 저러지도 못하는 상황이 되는 것이다.

'나의 이야기'에 집착하지 않기

대부분의 사람에게는 인생에서 중요한 교훈을 얻은 결정적 순간에 대한 자신만의 이야기가 있다. 의식적이든 아니든 새로운 상황을 맞이하면 우리는 그런 이야기와 그 이야기가 그리는 자신의 이미지에 따라 행동한다. 하지만 세월이 흐를수록 그 이야기는 빛이 바래기 때문에 때로는 그 이야기를 완전히 다르게 각색하거나 심지어 그 이야기는 잊어버리고 처음부터 다시 시작하는 편이 좋을 때도 있다.

마리아의 경우가 바로 그랬다. 마리아는 '주위가 온통 병아리로 둘러싸인 어미 닭'이라고 자신의 모습을 묘사하는 리더였다. 마리아의 코치를 맡았던 글로벌 광고 대행사 오길비 앤드 매더Ogilvy & Mather의 전 최고경영자 샬럿

비어스Charlotte Beers는 『차라리 내가 맡겠다I'd Rather Be in Charge』라는 책에서 마리아의 자아상은 그녀가 대가족을 보살피기 위해 자신의 목표와 꿈을 희생해야 했던 시절에서 비롯됐다고 설명했다. 병아리를 돌보는 어미 닭이라는 마리아의 자아상은 결국 그녀의 직업적 성장에 방해가 되기 시작했다. 친절하고 성실한 팀원이자 중재자의 역할을 할 때에는 문제가 없었지만 마리아가 원하는 보다 책임이 큰 리더의 자리를 맡는 데에는 그 자아상이 그다지 도움이 되지 않았다. 마리아와 샬럿은 마리아가 자아상의 기준으로 삼을 만한 인생의 다른 결정적 순간이 없었는지 함께 찾아봤다. 과거의 모습이 아니라 마리아가 원하는 미래의 모습에 보다 어울리는 이야기가 필요했다. 둘은 마리아가 젊은 시절 가족을 떠나 18개월간 세계 여행을 했던 이야기를 골랐다. 그때의 용감했던 자신의 모습을 떠올리며 행동하기 시작한 마리아는 당당히 승진을 요구했고 전에는 오를 수 없을 것 같았던 자리에 올랐다.

노스웨스턴대학교의 심리학과 댄 맥애덤스Dan McAdams 교수는 줄곧 사람들의 인생 이야기를 연구해온 학자다.

그는 정체성이란 "한 사람의 과거와 현재, 미래를 선택적으로 전용한 결과로서 내면화돼 있으면서 계속 발전하는 이야기"라고 설명했다. 이는 학술 용어가 아니다. 맥애덤스 교수는 우리가 자신의 이야기를 믿어야 하며 시간이 지나면 필요에 따라 그 이야기가 달라지는 것도 받아들여야 한다고 이야기하는 것이다. 자신에 대한 새로운 이야기를 생각하고 계속 고쳐 써보자. 마치 이력서를 쓸 때처럼 말이다.

다시 한번 강조하지만 인생에 얽힌 이야기를 수정해나가는 작업은 내면을 성찰하는 개인적인 일인 동시에 사회적인 프로세스다. 자신의 이야기는 각자의 경험과 열망을 잘 보여줘야 할 뿐 아니라 자신에게 기대되는 요구 사항을 반영하는 동시에 이 이야기를 통해 설득하려고 하는 청자의 마음에도 울림을 줄 수 있어야 한다.

리더십을 향한 여정을 떠날 때에는 자신이 누구인지 분명히 알아야 한다고 이야기하는 책과 조언자가 수없이 많다. 하지만 그러다가는 과거에서 헤어 나오지 못하게 될 수도 있다. 더 큰 역할을 맡고 더 나은 리더로 변화할 때마다 리더십의 정체성은 매번 바뀔 수 있어야 하고, 또한 바뀌어야만 한다.

리더로서 성장하는 유일한 방법은 정체성의 한계를 늘려나가는 것이다. 이는 불편하다는 생각이 들더라도 새로운 일을 끊임없이 시도하여 직접 경험을 통해 자신이 어떤 모습이 되고 싶은지 알아가면서 이룰 수 있다. 이러한 성장을 위해 완전히 딴판으로 성격을 과격하게 바꿀 필요는 없다. 행동하는 방식이나 의사소통하는 방식 또는 타인과 교류를 하는 방식 등에 작은 변화만 줘도 효과적으로 리더십을 발휘하는 데 큰 차이가 생길 것이다.

3
상사가 약점을
내보일 때
얻을 수 있는 것

직장 내 인간관계 심리학

by 에마 세팔라

에마 세팔라 Emma Seppala
스탠퍼드대학교 연민과 이타심 연구 및 교육 센터 소장이며 『해피니스 트랙』의 저자다. 또한 온라인 매거진 『풀필먼트 데일리Fulfillment Daily』의 창립자이기도 하다. 트위터 계정 @emmaseppala에서 팔로우할 수 있으며 웹사이트 www.emmaseppala.com을 운영 중이다.

아르차나 파트치라잔Archana Patchirajan은 인도의 남부 방갈로르에 기술 스타트업 회사를 세운 창업자였다. 어느 날 아침 아르차나는 전 직원을 회의에 소집했다. 모든 직원이 자리에 앉자 아르차나는 회사의 자금이 바닥났으므로 더 이상 일하지 말고 회사를 떠나라고 이야기했다. 그녀는 직원들에게 급여를 줄 수가 없었다. 회사의 직원들은 우수한 엔지니어들이었고, 인도의 실리콘밸리로 불리던 방갈로르는 호황이었으므로 직원들은 원하는 자리로 얼마든지 이직할 수 있었다. 하지만 놀랍게도 그들은 회사를 떠나지 않겠다고 말했다. 직원들은 아르차나를 떠나지 않고 기존 급여의 절반만 받으면서 일하는 쪽을 택했다. 그렇게 남은 직원들은 매우 열심히 일했고, 몇 년 뒤 아르차나의 인터넷 광고 솔루션 제공 업체인 허블Hubbl은 1,400만 달러에 매각됐다.

아르차나는 이후 미국에서 스타트업 회사를 세웠고, 인도의 직원들은 물리적으로 수천 마일 떨어진 곳에 있었지만 계속 그녀를 위해 일했다. 아르차나를 향한 직원들의 유대 관계와 헌신을 무엇으로 설명할 수 있을까?

갤럽 조사에 따르면 '회사 일에 관여하지 않는다'거나 '업무를 최대한 대충 한다'고 답한 직장인의 비율이 70퍼센트가 넘었다. 이러한 걱정스러운 사실을 감안하면 아르차나의 직원들은 정말 남다르다고 할 수 있다.[1] 회사 일에 관여하지 않거나 일을 대충 한다고 대답한 직장인들은 당연히 직장에서 '감정적인 유대 관계가 약하고' '생산적이지 못할 확률이 높다.' 아르차나의 어떤 점 때문에 직원들은 이러한 현상에 동조하지 않을뿐더러 오히려 반대로 행동하게 됐을까?

아르차나와 가장 오랫동안 함께 일해온 직원에게 무엇 때문에 직원들이 그녀와 계속 일하는지 묻자 다음과 같은 대답을 들려줬다.

"아르차나는 우리를 가족같이 대해줍니다. 그래서 우리도 가족처럼 함께 일하죠." "아르차나는 사무실에 있는 모든 직원을 알고 각 직원들과 개인적인 관계를 맺어요." "우리가 실수를 해도 아르차나는 화내지 않아요. 대신 문제가 된 상황을 분석하고 개선하는 방법을 배울 시간을 줍니다." 이런 이야기를 들어보면 아르차나와 직원들의 관계는 통상적인 고용주-고용인의 관계보다 친밀해 보인다. 간단히 말해서 아르차나는 직원들에게 완전히 마음을 열고 취약성을 내보이며 진정성 있게 대한다. 회사의 사정이 어려워졌을 때 아르차나는 걱정거리를 솔직하게 직원들에게 이야기했다. 계급을 엄격하게 구별하지 않고 직원 모두를 마치 가족처럼 대하며 각각의 직원들과 개인적인 관계를 형성했다. 아르차나의 이야기를 들으니 그녀가 감정을 너무 숨기지 않는 것 같고, 나도 그렇게 할 수 있을까 걱정이 되면서 이는 직관적인 예상을 벗어나는 이

야기라는 생각이 드는가? 아래에서 그렇지 않은 이유를
살펴보자.

사회적 유대 관계 전문가인 브레네 브라운Brené Brown
교수는 수천 건의 인터뷰를 실시해 사회적 유대 관계의
뿌리에는 무엇이 있는지 알아봤다. 인터뷰를 통해 얻은
자료를 면밀히 분석한 결과 거기에는 취약성vulnerability이
있었다. 여기서 말하는 취약성은 약하다거나 저자세를 취
한다거나 하는 의미가 아니다. 오히려 이와 반대로 자신
의 모습을 유지하기 위한 용기를 뜻한다. 또한 취약성이
라는 개념은 '업무상 거리를 유지하며 필요 이상 감정을
소비하지 않는다'는 생각이 불확실성, 위험, 감정에 노출
되는 것과 마찬가지라는 의미로 바꿔놓는다. 우리는 직장
에서 매일 취약성을 활용할 수 있는 기회를 얻는다. 아르
차나가 어떤 취약성을 보였을까. 그녀는 자녀가 아픈 직
원이나 동료에게는 전화를 걸었고, 가족을 잃은 직원이
있으면 꼭 연락해 위로했고, 직원들에게 서슴없이 도움을
구했으며, 업무 중에 일이 잘못되면 나서서 책임을 졌고,
불치병을 얻은 직원이나 동료의 병상을 찾아갔다.

이보다 더 중요한 점은 브레네 교수가 말했듯이 취약성과 진정성이 유대 관계의 근간이 된다는 것이다. 하지만 직장에서는 보통 인간적 유대 관계가 완전히 배제돼 있다. TLEX Transformational Leadership for Excellence의 최고경영자인 요한 벌린Johann Berlin은 「포춘」이 선정한 100대 기업에서 연수 프로그램을 진행하면서 경험한 내용을 이야기했다. 연수 프로그램의 참가자들은 전부 기업의 고위 임원이었다. 참가자들이 짝을 지어 서로 자신의 인생에서 있었던 사건을 이야기하는 연습을 한 이후에 최고위 임원 가운데 한 명이 요한 벌린에게 다가왔다. 한눈에 보기에도 그는 이 연습을 하다가 감명을 받은 것 같았다. 그리고 이렇게 말했다.

"이 동료와 일한 지 25년이 넘었는데 지금까지 그가 살아오면서 겪었던 어려움에 대해 전혀 모르고 있었어요." 아주 잠시였지만 진정성을 바탕으로 하는 유대가 생겨나면서 이 임원은 동료에 대한 이해와 관계가 깊어졌다. 이는 수십 년 동안 함께 일하면서도 결코 일어나지 않던 일이었다.

왜 직장에서는 인간적인 유대가 나타나지 않을까? 리더로서, 직원으로서 우리는 보통 직장 사람들과 일정한 거리를 유지하고 특정 이미지, 이를테면 자신감이나 능력, 권위가 있어 보이는 모습을 만들어야 한다는 이야기를 듣는다. 또 사람들은 퇴근 후 집에 돌아가서 배우자나 친한 친구에게 취약성을 드러낼 수 있지만, 낮에는 직장은 말할 것도 없고 다른 어떤 곳에서도 결코 자신의 취약성을 보여서는 안 된다고 말한다.

그러나 연구 자료에 의하면 이미지를 만든다는 것에 대해서 다시 생각해야 한다. 사람들은 반무의식적으로 다른 사람의 진정성이 부족하다는 것을 눈치챈다고 한다. 누군가를 보면 우리는 순간적으로 그 사람에 대해 엄청나게 많은 양의 정보를 다운로드한다. 위스콘신대학교 매디슨캠퍼스 심리학과의 폴라 니든샐Paula Niedenthal 교수는 "사람은 어떤 상황에서든 상대방과 적절하게 교류하고 공감하면서, 자신의 경계를 확실히 구분 짓기 위해 서로의 상태를 관찰하도록 프로그램 돼 있어요"라고 말했다. 사람은 서로가 표현하는 내용의 아주 미묘한 부분까지 읽을 수 있도록 돼 있는 것이다. 이 과정을 '공명resonance'이라고 부르는데 이러한 인식은 보통 우리가 의식하지 못할 정도로 매우 빠르게 자동적으로 이뤄진다.

악기의 예민한 공명판처럼 우리 뇌의 일부는 상대방의 활동과 감정을 읽고 내부에서 반향을 일으킨다. 누군가를 바라보는 것만으로 그 사람을 느끼게 되고, 마음속에서는 상대방에 대한 반향이 일어난다. 누군가 넘어지는 모습을 볼 때 순간적으로 찌르르한 고통을 느낀 적이 있는가? 연구에 따르면 넘어지는 사람을 보면 뇌 속의 고통 매트릭스pain matrix가 활성화된다고 한다.[2] 타인을 도와주는 사람의 모습을 보고 감동받은 적이 있는가? 우리는 그 모습을 보는 것만으로 좋은 일을 했다는 도덕적 품위를 대리 경험한다. 스웨덴 웁살라대학교의 울프 딤버그Ulf Dimberg 교수의 연구에 따르면 다른 사람의 미소는 우리의 얼굴에 있는 미소를 만드는 근육을 움직이게 하고, 찡그린 얼굴을 볼 때면 같이 찡그린다고 한다.[3] 마음속으로 상대방의 느낌을 알아채는 것이다. 그렇기 때문에 상대방의 미소가 가짜라면 편안함보다 불편함을 느낄 가능성이 높다.

다른 사람의 존경을 받기 위해 자신을 완벽하고, 강하고, 똑똑한 모습으로 포장하려 하면 대개 의도에 반하는 결과가 생긴다. 폴라 니든샐 교수의 연구는 사람은 서로 아주 깊이 공감하기 때문에 진정성이 결여됐을 경우 이를 알아챌 수밖에 없다는 사실을 보여줬다.[4] '젠체'하거나 '가식을 떠는' 사람 옆에 있을 때 얼마나 불편했는지 떠올려보라. 우리는 이를 꿰뚫어볼 수 있기 때문에 그런 사람과 유대 관계를 맺기 어렵다. 아니면 누군가 화나 있다는 것을 알고 있는데 상대방이 그 감정을 숨기려 하면 우리가 어떻게 대처하는지 생각해보자. "무슨 일 있어?"라고 물으면 상대방은 "아무 일도 없어!"라고 대답할 뿐이다. 하지만 그 대답을 듣고 정말 아무 일도 없다고 생각하지는 않는다. 그 말이 사실이 아님을 감지하기 때문이다.

사람의 뇌는 아주 미세한 신호까지 읽을 수 있어서 의식적으로는 상대방이 보내는 신호를 알아채지 못했을 때조차 우리의 몸은 반응한다. 스탠퍼드대학교의 제임스 그로스James Gross 교수도 연구에서 밝힌 바 있다. 예를 들어 누군가 화가 나 있는데도 그 감정을 숨기고 있어 보기에는 화난 것 같지 않다고 하자. 그러면 그 사람이 화가 나 있다는 것을 알아차리지 못해도 우리의 혈압은 상승하는 것이다.[5]

진정성이 느껴지고 취약성을 드러내는 사람 옆에서 더 편안함을 느끼게 되는 이유는 무엇일까? 우리는 리더가 보내는 신뢰의 신호에 특히 민감하기 때문이다.[6] 리더가 진정성과 가치 기반의 리더십이라는 특징을 지닌 '섬김의 리더십servant leadership'을 발휘하면 직원들에게서 한층 긍정적이고 건설적인 행동이 나타나며, 리더와 조직 양쪽 모두 희망과 신뢰를 강하게 느낄 수 있다.[7] 리더가 보이는 신뢰는 직원의 성과 향상이라는 결과로 이어진다.[8] 이 사실은 뇌의 활동을 통해서도 알 수 있다. 자신에게 공감해주는 상사를 떠올리는 직원들의 뇌 속에서는 긍정적인 감정 및 사회적 유대와 관련된 영역이 매우 활성화됐다.[9] 반대로 별로 공감을 느끼지 못하는 상사를 떠올릴 때에는 그렇지 않았다.

리더의 진정성과 취약성을 보여주는 한 가지 행동은 용서다. 용서는 실수를 봐준다는 의미가 아니라 끈기 있게 직원의 성장을 격려해준다는 뜻이다. 용서는 아르차나의 직원들이 다음과 같이 말한 내용 속에서 찾을 수 있다. "아르차나는 우리가 실수를 해도 화내지 않아요. 대신 문제가 된 상황을 분석하고 개선하는 방법을 배울 시간을 줍니다."

용서는 취약성과 마찬가지로 부드러운 감정을 나타내는 표현이지만 미시간대학교의 킴 캐머런Kim Cameron 교수가 『긍정 조직학 POS』라는 책에서 이야기한 바와 같이 확실한 결과를 가져다준다. 조직 내에 자리 잡은 용서의 문화가 직원들의 생산성을 높여주고 자발적인 이직률을 낮춰주기 때문이다.[10] 다시 한번 강조하지만 용서해주는 조직 문화에서는 신뢰가 자라난다. 그 결과 조직이 어려움을 겪거나 축소 경영을 해야 하는 힘든 시기에도 회복탄력성은 커진다.

취약성을 드러내기를 두려워하거나 아니면 직장에서 취약성을 보이는 일이 적절하지 않다고 생각하는 이유는 무엇일까? 우선 사람들은 누군가 자신의 진짜 모습을 알아차리거나 내면의 부드러움과 취약점을 찾아내 이를 이용할까 봐 걱정한다. 하지만 내가 「하버드비즈니스리뷰」에 기고한 글 「친절한 상사에 대한 확실한 사실The Hard Data on Being a Nice Boss」에서 설명했던 것처럼 과거의 흑백논리의 틀에서 벗어나 상사가 보이는 친절함에 대해 다시 생각해야 한다.

리더가 진정성과 취약성을 받아들이면 다음과 같은 일이 일어난다. 직원들은 리더를 한 사람의 인간으로 바라본다. 그리고 자신과 가까운 존재로 느끼며 조언을 하기 시작한다. 지금까지 계급에 집착해온 리더는 이제 직원들 간의 조직 문화가 좀 더 수평적으로 바뀌고 있음을 느끼게 될 것이다. 이런 변화가 불편하게 느껴질 수도 있지만 아르차나의 경우처럼 그 결과는 그만한 가치가 있을 것이다.

직원들과 가까운 유대 관계를 가질 때 얻을 수 있는 이점은 또 있다. 스탠퍼드대학교에서 진행한 한 연구에 따르면 최고경영자들은 직원들에게 더 많은 조언과 상담을 받고 싶어 하지만 이들 가운데 3분의 2는 이를 얻지 못한다.[11] 고립은 최고경영자의 관점을 왜곡시켜 리더십을 발휘할 때 잠재적으로 불리한 선택을 하게 할 수 있다. 직원들은 누구보다 회사의 제품과 고객, 그리고 조직 내의 문제점에 대해 잘 알고 있다. 이들이 아니라면 누구에게서 더 좋은 조언을 구할 수 있겠는가?

리더가 직원들에게 진정성과 취약성을 보이면 직원들은 자신이 회사 시스템 속의 부품이라는 생각 대신 자신의 의견이 존중받는다고 느낀다. 그래서 결과적으로 회사에 대한 충성심이 커진다. 한 연구에 따르면 급여 수준이 높을 때보다 직장 내에서 개인적인 유대 관계와 행복을 찾을 수 있을 때 직장인들의 애사심이 더 컸다.[12]

4

직원을 진심으로
배려하는
리더가 되려면

'냉정한 감정이입' 활용법

by 룸 고되, 가레스 존스

롭 고피 Rob Goffee

런던대학교 경영대학원의 조직행동학 명예교수이며, 이곳에서 고위 임원 대상 교육 프로그램을 진행하고 있다. 이 프로그램은 세계적으로 명성이 드높다.

가레스 존스 Gareth Jones

런던대학교 경영대학원 경영개발센터의 연구원이자 스페인 마드리드의 IE 경영대학원 방문 교수다.

두 교수는 유수의 글로벌 기업의 이사회에 경영 조언을 하고 있으며, 『왜 당신이 우리를 이끌어야 하는가?Why Should Anyone Be Led by You?』와 『클레버Clever』『왜 우리가 여기서 일해야 하는가?Why Should Anyone Work Here?』를 공동 집필했다.

요즘에는 리더가 직원들에게 **반드시** 관심을 보여야 한다는 주제로 매우 떠들썩하다. 그러나 최근에 나온 인간관계의 기술 연수 프로그램에 참가한 후 직원들에 대한 '관심'을 가지고 돌아온 상사를 보는 것만큼 견디기 어려운 일도 없다. 진짜 리더는 훈련받지 않아도 직원들에게 신경을 써야 한다는 사실을 잘 알고 있다. 이들은 자신이 이끄는 사람들과 마음속 깊은 곳에서부터 크게 공감한다. 그리고 직원들이 하는 일을 무척 신경 써서 챙긴다.

　　레코드 회사 폴리그램Polygram의 전 최고경영자였던 알랭 레비Alain Levy를 살펴보자. 알랭 레비는 평상시 다소 냉담한 지식인이라는 인상을 주지만 사실 주변 사람들과의 거리를 아주 잘 좁히는 사람이다. 한번은 오스트레일리아에서 레코드 사업부 실무진이 앨범의 타이틀곡을 정하는데, 그가 참여하게 됐다. 음반 업계에서는 타이틀곡을 정하는 일이 매우 중요하다. 타이틀곡을 무엇으로 정하느냐에 따라 그 앨범은 히트를 칠 수도, 망할 수도 있다. 알랭 레비는 젊은 직원들과 마주 앉아 그 일에 열정을 불어넣었다. "이 구제불능 멍청이들아." 치열한 논쟁이 진행되는 가운데 알랭 레비의 목소리가 날아들었다.

"도대체 무슨 이야기를 하는지 하나도 모르는 것들 같으니라고! 항상 댄스곡을 일단 먼저 밀어야 한다고!"

하루가 채 지나기도 전에 이 이야기가 온 회사에 퍼졌다. 그 어떤 홍보 활동보다 알랭 레비를 가장 잘 알린 사건이었다.

"타이틀곡을 선정하는 방법이라면 알랭 레비가 정말 잘 알죠"라고 직원들은 입을 모았다. 사실 알랭 레비는 타이틀곡을 잘 고를 뿐 아니라 강하고 거친 말투를 사용하는 것이 음반 업계 직원들의 세계로 들어가는 일반적인 방법이라는 것도 잘 알고 있었다. 그런 식으로 알랭 레비는 자신이 직원들에게 관심을 기울이고 있다는 사실을 보여줬다.

위의 사례에서 분명히 알 수 있는 것처럼 직원들에게 영감을 불어넣는 리더가 보여주는 공감이 경영학의 여러 문헌에서 자주 이야기하는 것처럼 꼭 부드러운 모습은 아니다. 오히려 진짜 리더는 우리가 '냉정한 감정이입tough empathy'이라 부르는 독특한 접근법을 이용해 직원들을 관리한다. 냉정한 감정이입이란 직원들이 원하는 것이 아니라 그들에게 필요한 것을 준다는 의미다. 냉정한 감정이입의 문화는 해병대나 컨설팅 기업 같은 조직에서 특히 잘 발달돼 있다. 신입들이 능력을 최대치로 끌어올릴 때까지 몰아세우는 조직이다. '성장하지 못하면 떠나라'는 것이 모토다. 크리스 새터웨이트Chris Satterwaite는 여러 광고 대행사에서 최고위 임원을 지냈으며 현재 영국의 홍보회사 벨 포팅어 커뮤니케이션스Bell Pottinger Communications의 최고경영자다. 그는 냉정한 감정이입을 잘 이해하는 사람이다. 힘든 결정을 내리면서 창의력이 뛰어난 직원들을 관리해야 하는 어려움을 능숙하게 헤쳐 나간다. "꼭 그래야만 한다면 저는 인정사정 봐주지 않습니다. 하지만 저와 함께 일하는 동안 직원들이 무엇인가 반드시 배울 수 있다는 것만큼은 약속드리죠."

냉정한 감정이입을 잘 활용하면 맡은 일과 직원에 대한 존중 사이에서 균형을 잡을 수 있다. 하지만 두 마리 토끼를 다 잡는 것은 쉽지 않다. 특히 사업이 존폐의 위기에 놓여 있을 때는 더욱 어렵다. 그런 상황이라면 배려심 깊은 리더는 주변 사람들에게 사심 없이 베풀어야 하지만 언제 물러서야 할지도 알아야 한다. 비누 등 유지 제품을 주로 생산하는 다국적 기업 유니레버Unilever의 상황을 살펴보자. 유니레버는 세탁 세제 '퍼실 파워'를 개발해 시장에 내놓았지만 결국 제품 판매를 중지해야 했다. 퍼실 파워로 세탁을 하면 옷감이 상했기 때문이다. 초기부터 제품에 문제가 있는 듯했지만 유니레버의 최고경영자인 니얼 피츠제럴드Niall FitzGerald는 직원들의 편에 섰다.

"직원들의 편에 서는 건 쉬웠죠. 하지만 그래서는 안 되는 거였어요. 저는 뒤로 물러나 침착하게 거리를 두고, 전체 시장 상황을 보고, 소비자의 편에 서야 했습니다."

하지만 직원을 배려하는 리더가 직원과 거리를 두는 일은 쉽지 않다. 특히 리더가 냉정하게 감정을 이입할 때는 직원들보다 자신에게 더 큰 괴로움이 따르기 때문에 더욱 어렵다. 캘빈 클라인 코스메틱스Calvin Klein Cosmetics의 사장이자 최고경영자인 폴앤 맨쿠소Paulanne Mancuso는 이렇게 말한다. "일부 리더십 이론을 보면 직원을 배려하는 일이 전혀 힘들지 않은 것 같아요. 하지만 그렇지 않습니다. 원하지 않는 일도 해야만 하죠. 그리고 그건 힘들어요."

또한 리더는 냉정하게 감정을 이입하기 위해 위험을 감수해야 할 때도 있다. 그레그 다이크Greg Dyke가 BBC 사장으로 취임했을 때 경쟁 방송국들은 BBC보다 훨씬 더 많은 예산을 프로그램에 투입하고 있었다. 그레그 다이크는 디지털 세계에서 BBC가 발전하려면 프로그램을 위한 지출을 늘려야 한다는 점을 빠르게 파악했다. 그리고 그 내용을 직원들에게 직접 솔직하게 설명했다. 일단 직원들이 확실히 납득하자 그는 철저한 구조 조정을 시작했다. 많은 직원이 회사를 그만둬야 했지만 남은 직원들은 열심히 일했다. 그레그 다이크는 BBC를 살릴 수 있었던 것은 직원들이 리더의 냉정한 감정이입을 이해해줬기 때문이라고 공을 돌렸다. "일단 직원들이 함께해준다면 꼭 필요한 어려운 결정을 내릴 수 있죠."

냉정한 감정이입에 대해 마지막으로 한 가지 더 이야기하고 싶은 내용이 있다. 무엇인가를 정말로 배려할 줄 아는 사람이라면 냉정한 감정이입을 이해하기가 한층 쉽다. 무엇이라도 좋지만 사람이 어떤 대상을 깊이 배려할 때는 자신의 진정한 모습을 보일 가능성이 높다. 냉정하게 감정을 이입할 줄 아는 리더는 리더십의 전제 조건인 진정성을 바탕으로 소통할 뿐 아니라 단지 리더의 역할을 수행하는 것 이상의 모습을 보여준다. 직원들은 업무상의 의무만 다하면 된다는 식의 리더에게 헌신하지 않는다. 직원들은 리더에게 그 이상의 모습을 바란다. 일반 직원과 똑같이 열정적으로 그들이 하는 일에 관심을 보이는 그런 리더를 원한다.

5
직장 생활을
방해하는
인종의 장벽
무너뜨리기

**관례에 순응하기 위해 정체성을
희생해야 할까?**

by 실비아 앤 휴렛

실비아 앤 휴렛 Sylvia Ann Hewlett
인재혁신센터 Center for Talent Innovation 의 창립자이자, 최고경영자이며, 휴렛 컨
설팅 파트너스 Hewlett Consulting Patners 의 창업자이기도 하다.

과거 기업에서는 고위 임원 가운데 유색인이 매우 적다는 사실을 일상적으로 무시하며 잊으려 했다. 최근에 와서야 겨우 이에 대한 논의가 시작되고 있다. 미국 전체 기업에서 최고위직에 오른 유색인의 비율은 겨우 11퍼센트에 지나지 않는다.[1] 「포춘」에서 선정한 500대 기업 최고경영자 가운데 흑인은 겨우 여섯 명, 아시아인과 히스패닉계는 여덟 명에 불과하다.[2]

핵심 인재가 스폰서(멘티가 멘토에게 조언을 구하는 일방적인 멘토링 관계와 달리 스폰서는 인재에게 투자를 하고 그 결과 이익을 공유하는 일종의 동맹 관계라고 할 수 있다-옮긴이)를 찾고 열심히 일해 성과를 내면 조직에서 인정받고 승진을 한다. 하지만 리더가 될 가능성이 있다고 해서 모두가 최고위 임원 자리에 오를 수 있는 것은 아니다. 그런 자리는 리더처럼 보이고 그에 맞게 행동하는 사람, 즉 '리더의 존재감executive presence, EP'을 드러내는 사람에게 주어진다. 인재혁신센터의 연구 결과에 따르면 고위 간부들은 차기 승진에 필요한 중요 요건 가운데 리더의 존재감이 26퍼센트를 차지한다고 생각했다.[3] 하지만 고위 임원 중에는 백인이 압도적으로 많기 때문에 유색인(흑인, 아시아인, 히스패닉계)이 리더처럼 보이고, 말하고, 행동하려면 당장 어려움이 따를 수밖에 없다. 그리고 어떤 레벨의 간부 자리를 위해서든 상사는 유색인 직원에게 리더의 존재감을 만드는 게 도움이 될 것이라는 피드백은 전혀 하지 않는다.

리더의 존재감을 구성하는 세 가지 요소는 진지함(조사에 응답한 268명의 고위 임원 가운데 67퍼센트가 꼽은 가장 핵심적인 특징이다), 자신감을 드러내고 신임을 얻으며 신뢰를 강화할 수 있는 여러 행동, 의사소통의 기술(조사에서 28퍼센트의 응답을 얻었다)이다. 여기에 더해 외모는 의사소통 기술과 진지함을 더욱 돋보이게 하는 필터의 역할을 한다. 남녀를 불문하고 유색인 직원들도 리더의 존재감이 중요하다는 사실을 알고 있지만 백인 남성에 의해, 그리고 백인 남성을 위해 만들어진 이 관행을 이해하고 실행하기는 어렵다.

인재혁신센터의 연구 결과를 살펴보면 유색인 직원도 백인 직원과 마찬가지로 리더의 존재감에서 가장 중요한 요소로 진지함을 꼽았고 그다음으로 의사소통 기술과 외모의 순으로 우선순위를 정했다. 그렇지만 리더의 존재감을 드러내야 한다는 '장벽을 무너뜨리는 일'은 유색인 직원만 겪는 어려움이다. 왜냐하면 리더의 존재감이 드러나는 적절한 행동이나 말투, 그리고 외모의 기준을 맞추기 위해서는 그들의 문화적 정체성을 억누르거나 희생해야 하기 때문이다. 이들은 직장에서 리더의 존재감이란 전적으로 백인 남성을 기준으로 삼고 있다고 느낀다. 특히 흑인 직원은 백인 직원에 비해 이 분석에 동의할 확률이 97퍼센트나 높았다. 그러므로 리더의 존재감이 요구하는 기준에 부합하기 위해 유색인 직원은 자신의 진정성을 바꾸어 '백인화된 프로페셔널리즘'이라는 새로운 버전의 진정성을 가져야 하는데 여기에서 분노와 반감이 발생한다(다음의 그래프 참조). 유색인 직원은 백인 직원과 동등한 대접을 받으려면 더 열심히 일해야 한다고 느끼고 있다. 그리고 직장에서 비주류로 분류되는 유색인 직원 중 절반이상(56퍼센트)이 유색인의 경우 리더의 존재감에서 요구하는 기준에 부합하기 더 어렵다고 생각한다.

유색인 직원은 '자신을 드러내는 일'에 대한 피드백을 받을 가능성이 거의 없기 때문에 리더의 존재감을 만들기가 더욱 어렵다.

질적 연구 결과를 보아도 유색인 직원들의 상사는(상사는 대부분 백인이다) 인종 문제에 둔감하다거나 차별주의자라는 소리를 듣는 게 두려워 부하 직원에게 진지함이 부족하다거나 의사소통 기술이 부족하다는 이야기를 하길 꺼린다. 잠재력이 있는 인재가 리더의 존재감 문제만을 구체적으로 다뤄줄 수 있는 스폰서를 만난다면 상사의

내가 일하는 직장에서 리더의 존재감은 전통적으로 백인 남성을 위주로 한 기준에 부합하는가에 따라 정해진다

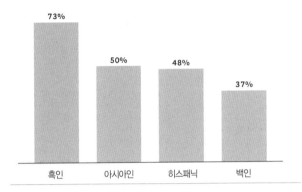

흑인	아시아인	히스패닉	백인
73%	50%	48%	37%

직장에서 요구하는 리더의 존재감 기준을 맞추려면 나의 진정성과 타협해야 한다고 느낀다

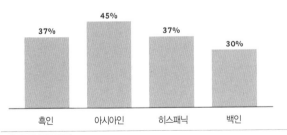

흑인	아시아인	히스패닉	백인
37%	45%	37%	30%

출처: 인재혁신센터

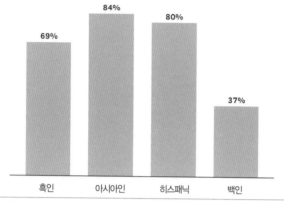

피드백을 통해 들은 나의 문제를 어떻게 고쳐야 할지 모르겠다

84%

80%

69%

37%

흑인 아시아인 히스패닉 백인

출처: 인재혁신센터

피드백 부족 문제를 어느 정도 해결할 수 있을 것이다. 하지만 2012년 인재혁신센터의 조사에 따르면 백인 직원에 비해 유색인 직원이 스폰서를 가질 확률은 훨씬 낮다(13퍼센트 대 8퍼센트).[4] 그리고 유색인 직원은 피드백을 받았다 하더라도 문제를 해결하기 위해 어떤 행동을 해야 할지 잘 모른다. 특히 미국에서 태어나지 않은 해외 출신 직원이라면 더욱 그렇다(위의 그래프 참조). 이는 글로벌 시장에서 영향력을 확대하기 위해 해당 국가 출신의 직원을 고용하려는 기업에게는 심각한 문제다.

요약하자면 유색인 직원은 피드백을 제대로 받지 못하거나 아니면 피드백의 내용이 너무 모호하거나 모순되기 때문에 리더의 존재감이란 그들에게는 이해할 수 없는 기준으로 남고 만다. 리더의 존재감을 기준으로 판단받는 대상이 되지만 자신의 진정성을 상당히 희생하지 않고서는 그 기준을 이해하고 체득할 수 없는 것이다. 결과적으로 유색인 직원의 승진 길에 스며 있는 무의식적 편견은 사라지지 않으며, 대부분의 리더가 백인 남성으로 구성된 직장에서 유색인 직원이 리더처럼 보이기 위해 노력한다 해도 확실히 불리한 점이 있다.

미국 내의 인구 구성은 점점 다양해지고 있으며 미국 기업은 세계로 시장을 넓히려고 한층 노력하고 있다. 경쟁이 몹시 치열한 오늘날의 세계 경제 속에서 미국 기업이 원하는 바를 얻으려면 '시장 상황에 맞춘' 다양한 직원이 필요하다. 시장 상황에 맞춘 직원이라야 자신과 비슷한 고객이 가진 충족되지 않은 니즈needs를 더욱 잘 헤아릴 수 있다. 하지만 인재혁신센터의 연구 결과 이 직원들의 능력을 최대한 활용하려면 핵심적인 전제 조건을 만족시켜야 한다. 바로 직원의 구성만큼 다양한 리더가 있어야 한다는 조건이다.[5] 각 기업의 최고위층에는 지금 그 어느 때보다 필요한 다양성의 힘이 결여돼 있다.

6

회사 차원의 사과가 효과를 내려면 최고경영자의 모습이 슬퍼 보여야 한다

메시지와 감정을 일치시키는 법

by 세라 그린 카마이클

새라 그린 카마이클 Sarah Green Carmichael
「하버드비즈니스리뷰」의 책임 편집자다. 트위터 @skgreen에서 팔로우할
수 있다.

"솔직히 말씀드려서 저희가 실수를 했습니다."

미국의 유기농 식료품 슈퍼마켓 체인 홀푸드Whole Foods
에서 제품 가격을 부풀려 산정했다는 스캔들이 터졌을 때
홀푸드의 공동 최고경영자인 존 매키John Mackey와 월터
롭Walter Robb이 회사 차원의 사과를 담은 영상에서 한 말
이다.

"우리는 이런 문제 상황에 대한 준비가 돼 있지 않았습

니다. 저희의 실수입니다."

미국의 숙박공유 업체 에어비앤비Airbnb의 서비스를 이용한 어느 숙박객이 호스트의 집을 초토화시킨 사건이 터졌을 때 에어비앤비의 최고경영자인 브라이언 체스키Brian Chesky가 회사 블로그에서 사용한 표현이다.

"결코 일어나서는 안 되는 일이었습니다. 그야말로 용인될 수 없는 일입니다."

자동차 회사 제너럴모터스GM에서 안전 관련 문제가 생기자 최고경영자인 메리 배라Mary Barra가 이에 대해 공개적으로 사과하면서 한 말이다.

예전에는 회사 차원에서 공개적으로 사과하는 일이 비교적 드물었지만 요즘은 일반적인 비즈니스 담화의 일부가 됐다. 문제가 생겼고, 회사는 미안하다고 사과한다. 하지만 회사 차원의 공개 사과가 흔해졌다고 해서 모든 사과 방식이 전부 똑같은 것은 아니다.

새로 진행된 두 건의 연구에서 효과적인 사과와 역효과를 불러오는 사과에는 어떤 차이가 있는지 밝혔다.

첫 번째는 캘리포니아대학교 버클리캠퍼스 하스 경영대학원의 리앤 텐 브린케Leanne ten Brinke 교수와 런던대학교 경영대학원의 개브리얼 애덤스Gabrielle S. Adams 교수의 공동 연구로, 이들은 감정을 표현하는 방식이 회사 차원의 사과에 미치는 영향을 조사했다. 두 교수는 두 차례에 걸친 조사를 통해 알아낸 내용을 「조직행동과 의사결정 과정Organizational Behavior and Human Decision Processes」에 발표했다.[1]

먼저 1차 조사에서 두 교수는 투자자들이 최고경영자의 실제 사과에 어떻게 반응했는지 살펴봤다. 이를 위해 인터넷에서 2007년부터 2011년 사이에 나온 최고경영자의 사과 영상 29개를 찾아 확인했다. 두 교수의 연구팀은 표정을 구분하는 데 널리 사용되는 얼굴 움직임 해독 시스템the Facial Action Coding System, FACS을 이용해 각 비디오를 초 단위로 분석했다. 소리를 없앤 상태에서 각 최고경영자의 얼굴에 스치는 표정의 변화를 추적하는 방식이었다. 최고경영자들은 사과를 하면서 얼굴을 찡그렸을까? 미소를 지었을까? 슬퍼 보였을까? 그러고 나서 브린케 교수와 애덤스 교수는 최고경영자의 사과 이후 각 기업의 주가가 어떻게 됐는지 확인했다. 그러자 최고경영자가 미소를 띠며 사과한 기업의 주가는 하락했다는 사실이 드러났다. 아마도 최고경영자의 사과가 진실해 보이지 않았거나 아니면 회사가 저지른 일로 누군가에게 고통이 발생한 상황을 심지어 즐기는 것처럼 보였기 때문일 것이다. 최고경영자가 사과 중에 미소를 많이 보일수록 주가는 더 많이 하락했다.

진심으로 뉘우치는 듯 보이는 사과를 한 기업의 경우 처음에는 주가에 아무런 영향이 없었다. 주가는 떨어지지도, 오르지도 않았다.

"최고경영자가 일반적으로 예상되는 규범에 따른 감정을 표할 경우 그 회사는 문제를 떨치고 앞으로 나아갈 수 있었다"고 두 교수는 적었다.

그 후 연구팀은 최고경영자의 사과 영상 29개 가운데 16개를 더 자세히 살펴봤다. 그랬더니 최고경영자가 슬픈 표정으로 사과했을 경우, 그 기업의 주가가 상승했음을 알 수 있었다. 두 교수는 특히 장기적으로 볼 때 "사과를 잘 하면 투자자의 신뢰를 쌓을 수 있다"는 결론을 내렸다.

이 결론을 한층 더 심도 있게 확인하기 위해 브린케 교수와 애덤스 교수는 연기자를 고용해 실험했다. 그리고 컴퓨터 작동 이상으로 140여 편의 비행기가 운항 취소돼 수천 명의 승객들이 오도 가도 못하게 발이 묶인 상황을 가정하고 항공사 최고경영자가 이 문제에 대해 사과하는 모습을 연기하도록 했다. 이는 실제 알래스카항공Alaska Airlines에서 발생했던 대혼란을 바탕으로 한 시나리오였다. 비록 가짜 사과였지만 두 교수는 연기자의 대본에 훌륭한 사과문에 담겨 있어야 할 모든 표현을 넣었다. 기존의 조사 결과 드러난 사과의 핵심 요소들이 있는데 이는 사과를 통한 관계 회복에서 가장 중요한 요소다. 사과의 핵심 요소는 분명하게 '미안하다'고 말할 것, 보상을 제시할 것, 원인을 설명할 것, 책임을 질 것, 재발 방지를 약속할 것 등이 포함된다. 그러고 나서 두 교수는 실험 참가자들에게 가짜 최고경영자가 사과하는 모습을 담은 영상을 보여줬다. 사과하는 동안 각각 즐거워 보이는 모습, 슬퍼 보이는 모습, 아무 감정이 드러나지 않는 모습을 담은 세 종류의 영상이었다. 최고경영자의 모습이 슬퍼 보일 때 실험 참가자들은 사과에 진심이 어렸으며 그와 화해하고 싶은 생각이 든다고 평가했다. 최고경영자가 미소를 띤 채 사과했을 때, 그리고 흥미롭게도 최고경영자가 아무 표정을 짓지 않았을 때도 실험 참가자들은 최고경영자의 말을 별로 신뢰하지 않거나 심지어 그 회사에 대한 부정적인 감정이 더 깊어졌다.

경험이 많은 노련한 리더라도 사과를 하는 일은 불편하다. 불편함에 대한 정상적인 반응으로 찡그리거나 어색하게 웃거나 심지어 농담으로 긴장을 풀려는 시도가 나온다. 리더들(특히 미국인 리더)은 슬픔이나 비통함을 너무 많이 드러내서는 안 되며, 대신 언제나 긍정적인 모습을 보여야 한다고 생각한다. 하지만 브린케 교수와 애덤스 교수의 연구 결과를 보면 이러한 생각은 역효과를 불러올 수 있다.

두 번째 연구는 학술지 「기업금융저널The Journal of Corporate Finance」에 실린 것으로 위의 연구 주제와 관련해 흥미로운 사실을 하나 더 알려준다.[2] 금융 경제학자 돈 챈스Don Chance, 제임스 시콘James Cicon, 스티븐 페리스 Stephen P. Ferris는 1993년부터 2009년 사이에 발행된 150개의 언론 보도 자료를 조사해 기업이 저조한 실적의 원인을 외부 요인 탓으로 돌릴 때와 내부적 잘못으로 인정했을 때 어느 쪽이 더 나은 결과를 가져오는지 알아봤다. 조사 결과, 기업의 실적이 안 좋을 때 외부 요인을 탓하는 경우가 내부적 잘못을 인정하는 경우보다 두 배나 더 많았다. 그리고 남 탓으로 책임을 돌린 기업은 이후 계속해서 재정 상황이 나빠졌다. 이와 반대로 스스로 실적 악화의 책임을 진 기업은 안정되는 모습을 보여줬고 나중에는 재무 실적이 약간 나아졌다(재미있는 사실은 어느 쪽을 택한 기업이든 최고경영자가 해고되는 것은 마찬가지였다는 점이다). 이유가 무엇일까? 많은 변수를 전부 배제한 후 연구팀이 내린 결론은 솔직하게, 그리고 문제의 원인을 구체적으로 밝힌 경우(두 가지 모두 내부 책임으로 돌릴 때 나타나는 특징이다) 투자자의 기분을 풀어줄 뿐 아니라 기업 실적도 더 빨리 호전된다는 것이었다. 이와 반대로 실적 악화의 원인을 외부 요인으로 돌리는 경우에는 보통 '경제 요인' 같은 애매모호한 이유를 대며, 이는 별로 솔직해 보이지 않았다(사실 실적이 악화되는 원인은 기업 내부에 있는 경우가 많기 때문이다).

이상의 연구 결과에서 나타나는 메시지는 분명하고 확실하다. 잘못을 저질렀다면 인정하라. 그리고 상황에 걸맞게 슬픈 모습을 보여라.

7
리더의 감정 표현,
어디까지
괜찮을까?

가우탐 무쿤다 교수와
지안피에로 페트리글리에리 교수와의
인터뷰

by 애디 이그네시스, 세라 그린 카마이클

가우탐 무쿤다 Gautam Mukunda

하버드대학교 경영대학원 조직행동학 조교수이며 매사추세츠공과대학교에서 정치학으로 박사 학위를 받았다. 그가 집필한 첫 책은 『인디스펜서블』이다.

지안피에로 페트리글리에리 Gianpiero Petriglieri

인시아드 조직행동학 부교수다. 그는 성장하기 시작하는 간부들을 위한 인시아드의 대표 임원 연수 프로그램인 '관리자 육성 프로그램Management Acceleration Programme'을 총괄하고 있으며, 정신과 의사이기도 하다. 지안피에로 페트리글리에리 교수의 연구 분야는 리더십 계발이다. 트위터 @gpetriglieri에서 팔로우할 수 있다.

아디 이그네셔스 Adi Ignatius

『하버드비즈니스리뷰』의 편집장이다.

정계에서나 회사에서나 흔히 고성이 오가고 눈물을 흘리는 상황이 일어난다. 하버드대학교 경영대학원의 가우탐 무쿤다 교수와 인시아드의 지안피에로 페트리글리에리 교수의 설명을 들으면 이 현상을 이해하는 데 도움이 될 것이다.

새라 그린 카마이클(이하 새라) 요즘은 리더의 모습이 대중 앞에 드러나는 경우가 점점 많아져서 리더는 항상 진정성 있는 모습을 보여야 한다는 점이 많이 강조되는 것 같습니다. 진정성이라는 단어가 유행어죠. 눈물을 흘리거나 소리를 지르는 모습은 진정성을 나타내는 것처럼 보입니다. 지안피에로 교수님은 이에 대해 어떻게 생각하시나요? 리더가 울거나 소리를 지르는 건 어떤 면에서 대중에게 자신의 진짜 모습을 입증하려는 것인가요?

지안피에로 페트리글리에리(이하 지안피에로) 저는 사람들이 리더의 진정성에 신경 쓴다고 생각하지 않습니다. 사람들의 관심 사항은 리더의 일관성이죠. 감정 표출은 내가 말하는 내용이 진심이라는 점을 알리기에 더없이 좋은 방법이에요.

그리고 저는 힘이 있는 위치에 있는 사람과 리더를 구분할 필요가 있다고 생각합니다. 힘이 있는 위치에 오른 사람에게 감정 표현은 언제나 문젯거리죠. 사람들이 억제돼 있는 특정 태도만을 기대하니까요. 비록 가우탐 교수님이 말씀하신 대로 그 기준이 바뀌기는 하지만요. 하지만 리더에게는 감정이 전부입니다. 감정은 리더와 그를 따르는 사람 사이를 연결해줍니다. 그래서 힘이 있는 자리에 올랐다고 해서 사람들이 그를 바로 리더로 인정하지 않습니다.

감정을 보인다는 것은 사실 이런 이야기를 하는 겁니다. "여러분, 저 여기에 있어요. 저한테 관심을 가지셔야 할 것 같아요. 저는 반드시 우리 모두가 신경 써야 할 문제에 대해 이야기하고 있어요." 그러니까 감정은 힘이 있는 사람이 리더가 되려고 노력하면서 사용하는 도구예요.

아디 이그네셔스(이하 아디) 지안피에로 교수님, 방금 하신 말씀을 더 자세히 이야기해주시겠어요? 사람들이 리더의 진정성에는 신경 쓰지 않는다고 하셨는데 이는 기본적으로 기업 전체에 문제가 되는 이야기입니다. 그리고 기업 경영을 연구하는 학계에도요. 기업 경영을 연구하는 학자들은 리더에게는 진정성이 필요하다고 말하고 있습니다. 그러니 여기에 대해 조금 더 자세히 말씀해주시죠. 특히 감정이라는 맥락에서요. 방금 하신 말씀은 거의 마키아벨리주의자처럼 들렸어요. 리더라면 무엇이든 할 수 있다, 감정적이어도 상관없다는 것처럼요. 하지만 요지는 리더에게는 일관성이 있어야 하고 그래서 효과적으로 리더십을 발휘해야 한다는 것이죠?

지안피에로 우리가 진정성에 대해 이야기할 때는 두 가지 다른 모습을 이야기하는 겁니다. 하나는 즉흥성이죠. 말하자면 '나는 현재 내 감정을 바로 표현한다'는 겁니다. 이는 리더에게 적합할 수도 있지만 적합하지 않을 가능성이 더 높습니다.

그러나 진정성의 다른 한 면은 이런 의미입니다. '나는 다른 사람이 느끼고 것과 같은 감정을 확실하고, 일관성 있게, 진심을 담아 드러낸다. 우리가 어느 정도 같은 관심사를 공유하고 있음을 보이는 것이다. 여러 면으로 여러분이 신경 쓰는 문제에 나도 똑같이 신경을 쓰며 관심을 기울이고 있다.'

우리는 리더가 늘 이렇게 표현하는 모습을 보는 거예요. 리더는 때로 마키아벨리적 방식으로 표현합니다.

하지만 다른 때에는 또 매우 진심 어린 표현을 하기도 하죠. 사실 우리가 어느 리더를 추종하는 이유는 내가 신경 쓰는 사항을 그도 진심으로 신경 쓰고 있는 것처럼 보이기 때문입니다. 정계에서 많이 볼 수 있는 모습이죠. 선거 운동을 할 때 후보자는 말합니다. "여러분, 저는 여러분 중의 한 명입니다. 여러분과 마찬가지 입장이에요. 여러분과 똑같은 배경을 가졌고, 여러분의 관심사가 제 관심사입니다. 하지만 상대 후보는 자기 본위만을 위해 활동해요." 그런데 그 상대 후보도 똑같은 말을 합니다. "아닙니다, 아니에요. 우리 모두가 신경 쓰는 사항에 관심을 가지는 사람은 바로 저입니다. 저 사람이야말로 자기 이익만 추구하죠."

선거에서는 누가 됐든 자신은 유권자와 한 배를 탔다는 점을 분명히 하고 상대 후보는 개인적인 영달을 추구하는 사람이라고 정의하는 후보가 승리합니다. 즉, 제가 하려는 이야기는 사람들이 특별히 관심을 기울이는 부분은 리더가 자기 스스로 진정성이 있다고 생각하는 내용을 표현하는지의 여부가 아니라는 겁니다. 정말로 관심을 기울이는 부분은 리더가 전하는 내용에 우리에게 중요한 의미를 차지하는 감정이 들어 있느냐 하는 거죠. 감정의 표현이 양날의 검으로 작용하는 이유가 바로 여기에 있습니다. 때로 사람들은 감정이 기본적으로 이기적인 행동이라고 해석하기 때문이에요. 감정이란 사실 너보다는 나에게 집중하고 있다는 표현이니까요.

하지만 또 어떤 때 사람들은 감정 표현을 아량 있는 행동이라고 생각하기도 합니다. 네가 느끼는 것을 나도 느낀다는 사실을 기꺼이 보여준다는 것이죠. 빌 클린턴 대통령을 기억하십니까? 1992년 빌 클린턴이 첫 대선 유세를 하던 중 이런 순간이 있었습니다. 어느 유세장에서 그가 말했죠. "저는 여러분의 고통을 느낍니다." 바로 그때 그는 전설이 됐습니다. 리더들이 언제나 해내려 애쓰는 일을 빌 클린턴 후보가 이룬 거죠. 속임수를 쓰는 것도 아니고 마키아벨리적이지도 않게, 다만 매우 진심을 담아 나는 여러분과 똑같이 이 상황을 *이해*하고 있을 뿐 아니라 똑같은 *경험*을 하고 있다는 점을 전한 겁니다. 우리를 이끌어주리라 믿는 인물에게 사람들이 항상 원하는 게 바로 이거예요. 내가 처한 상황을 인지적으로 이해할 뿐 아니라 이 상황 속에 있다는 게 어떤 건지 느껴주기를 희망하는 거죠. 나의 고통을 함께하고, 나의 걱정거리를 느끼고, 내가 갈망하는 바를 갈망하기를 원합니다.

리더의 진정성을 원한다고 말할 때 우리가 신경 쓰는 것은 결국 이런 거예요. 우리가 마주하고 있는 어려움에 대해 리더가 살아 있는 이해를 해주길 바라는 거죠. 어느 특정 순간에 진심으로 느끼는 바를 그저 표현하는 수준을 생각하는 게 아닙니다.

아디 가우탐 교수님, 지안피에로 교수님의 이야기에 동의하십니까? 지안피에로 교수님의 이야기는 공감과 감정지능이 리더십의 핵심이라는 것 같습니다. 제가 단순화해서 이야기했습니다만 지안피에로 교수님의 주장에 전부 동의하시나요?

가우탐 무쿤다(이하 가우탐) 저도 공감과 감정지능은 리더십 발휘에 특히 강력한 핵심 요소라고 생각합니다. 예를 들어 미국에서 나타나고 있는 트럼프 현상을 보면 그렇습니다. 사람들은 리더가 진짜 무슨 생각을 하는지 말해주길 바란다고 이야기합니다. 권력을 얻기 위해 사람들이 듣고 싶어 한다고 *생각*하는 이야기를 하는 게 아니라 말이죠.

하지만 물론 이렇게 이야기한 바로 그 사람들이 그러고 나서는 진짜 생각을 이야기하는 리더가 아니라 자기가 듣고 싶은 이야기를 하는 리더를 지지한다는 점에는 주목할 필요가 있습니다. 그러니까 "도널드 트럼프Donald Trump는 내가 생각하는 바를 이야기해. 그러니 트럼프는 정말 그렇게 생각하는 게 틀림없어"라는 말에는 어느 정도 이중 사고가 들어 있는 것이죠.

제가 생각할 때 리더가 되는 데 꽤 효과가 있는 수단이 바로 이 능력입니다. 사람들이 듣고 싶어 하는 이야기를 하면서 마치 자신이 진심으로 그렇게 생각한다고 믿게 만드는 능력이요. 물론 지안피에로 교수님의 이야기를 듣고 제가 생각한 것은 사람들이 자기 본위적 리더보다는 자신만큼 조직 전체와 조직 구성원의 안녕에도 관심을 쏟는 리더를 원한다는 정도입니다. 그리고 기본적으로 우리는 여러 권력 다툼의 장에서 상대방이 오로지 자기 영달을 추구하는 사람일 뿐이라는 점을 규명하는 데 어려움을 겪죠.

이는 거의 모든 조직에서 일어나는 일이라고 생각합니다. 자기 본위적 리더를 추구하는 사람이 리더가 될 가능성은 낮습니다. 그러면 저는 이런 질문을 드리고 싶군요. 감정이란 무엇일까요?

예를 들어 아주 연기력이 뛰어난 배우도 신호에 맞춰 눈물을 흘리기는 어렵습니다. 전문 배우에게도 어렵죠. 그래서 버락 오바마 대통령이 학교에서 살해된 아이들 때문에 연설 중 눈물을 흘렸을 때는 그의 마음속 깊은 곳에 자리한 감정이 드러났다는 생각이 들었어요.

눈에 띄는 또 다른 사실은 보수주의 측에서 이를 두고 오바마 대통령이 양파를 들고 있었다거나 연단 아래에 무언가 가짜 눈물을 만들 만한 것이 있었을 것이라는 등의 반응을 많이 보였다는 점입니다. 아마 대통령이 무너져 눈물을 흘리는 모습이 대중들에게 얼마나 강력한 효과가 있을지 보수주의자들도 알았기 때문이라고 생각해요. 그리고 이 반응은 보수주의자들 스스로의 모습을 드러내는 것이기도 했죠. 그들은 선량한 어린이들이 여러 명 살해당한 일은 어찌됐든 어른이 눈물을 흘릴 만한 일은 아니라고 생각한다는 것을 알 수 있었습니다.

지안피에로 사람들이 그저 리더가 내 생각을 그대로 말하는 것을 듣고 싶은 건 아닐 겁니다. 그보다 리더 스스로 무엇을 느끼는지 보여주기를 원하죠. 리더가 감정을 표현하는 모습을 보고 싶어 하고요. 그 감정은 사람들이 볼 때 진짜 감정이어야겠죠.

물론 모든 사람이 동일한 감정을 느끼는 것은 아닙니다. 가우탐 교수님께서 말씀하셨던 오바마 대통령의 눈물은 아주 강력한 메시지를 보냈습니다. 그리고 리더의 인간적인 모습을 보여줬어요. 그런데 대통령과 마찬가지로 당시 사건에 경악하고 불편함을 느낀 사람에게는 인간적인 대통령의 모습이 사실상 리더십을 강화시켜 줍니다. 하지만 대통령과 사건에 대한 이해를 달리하는 사람들, 그래서 대통령과 감정을 나눌 수 없었던 사람들에게 대통령의 우는 모습은 오히려 리더십을 약화시키는 원인이 되죠. 그래서 감정 표현은 언제나 양날의 검입니다. 같은 감정을 공유하는 사람에게 리더가 실제 감정을 드러내면 그들은 리더에게 더 친밀감을 느끼고 리더가 더욱 리더답다는 느낌을 받아요. 하지만 감정을 공유하지 않는 사람들은 그 모습을 보고 갑작스러운 거리감을 느낍니다. 그러고 나서는 리더가 속임수를 쓰는지, 마키아벨리적인 사람인 건지 어떤지 의심스러워합니다.

오바마 대통령이 눈물을 흘리던 그 순간, 우리는 세상에서 가장 강력한 힘을 가진 리더가 자신의 통치하에서 비극적인 사건을 마주하는 모습을 봤습니다. 그가 가진 강력한 힘을 다 써도 그 비극을 되돌릴 수는 없었죠. 그래서 오바마 대통령은 힘의 한계에 좌절하는 모습을 보인 겁니다. 오바마 대통령만 좌절한 것은 아니었어요.

정치적인 의지와 행동이 있었다면 간단히 막을 수 있는 사고였다고 생각하는 수많은 사람들의 좌절감을 그가 대표로 표현한 거예요. 총기를 규제하는 데 필요한 변화를 실행할 만큼 충분한 정치적 의지가 없었기에 그 사건을 막지 못한 것이었죠.

새라 오바마 대통령이 눈물을 흘렸던 그 순간, 만일 대통령이 여성이었다면 상황이 달랐을까요? 남성 리더가 눈물을 보이는 것과 여성 리더가 눈물을 보이는 것 사이에 어떤 차이가 있나요?

가우탐 의심할 여지도 없이 분명한 차이가 있습니다. 너무 감정적인 사람이라는 이야기는 전형적으로 성별에 기인한 고정관념으로써 늘 여성 리더를 따라다니곤 합니다. 하지만 여기서 주목할 만한 이야기가 하나 있습니다. 2008년 민주당 대선 경선 중에 힐러리 클린턴이 뉴햄프셔주에서 눈물을 좀 비친 적이 있었죠. 그때가 힐러리의 유세 활동 가운데 가장 돋보이는 순간이었습니다. 이 순간 때문에 상황이 반전해 힐러리가 다시 오바마의 대항마로 나설 수 있었어요.

그런데 힐러리에 대한 비판 가운데 하나가 그녀가 너무 로봇 같다는 것이었잖아요. 그렇죠? 그렇기에 눈물로 그 비판을 정면 돌파할 수 있었던 겁니다.

하지만 대부분의 여성 리더에게는 눈물이 남성 리더에 비해 훨씬 위험한 감정 표현 수단이라고 생각합니다. 여성 리더가 눈물을 보이면 성별에 대한 고정관념이 강화되면서 그녀를 적대시하는 사람이 아주 빨리 리더십을 약화시킬 수 있습니다.

새라 여기서 인종적인 고정관념에 대해서도 이야기해야 할 것 같군요. 그리고 슬픔 외의 다른 감정, 예를 들어 분노 같은 것도 힐러리가 표현했다면 문제가 되지 않았겠지만 오바마였다면 문제가 됐을 수 있어요.

가우탐 의심할 바 없죠. 버락 오바마 대통령이 자신이 어떻게 보여야 한다고 생각하는지에 대해 드물게 밝힌

적이 있습니다. 그가 이 문제에 대해 깊이 생각하고 자신의 모습에 많이 반영했다는 점은 분명해요. 그도 말한 적이 있죠. 그 무엇보다 피하고 싶은 모습이 화가 난 흑인 남자의 모습이라고요. 본인이 사용했던 표현입니다. 오바마 대통령이 대중에게 보이고 싶은 자신의 모습을 만들 때 이런 생각은 근본적인 영향을 줬을 겁니다.

그는 미국의 인종 역학을 생각할 때 기본적으로 자신이 분노의 감정을 드러내는 것은 리더로서 자격을 상실하는 것이라는 점을 알고 있었습니다. 눈여겨보셨다면 알겠지만 재선에 당선되기 이전의 오바마 대통령에게 분노 표현은 절대 금지 사항이었죠. 초선 재임 시절 4년간 그가 화를 내는 모습을 단 한 번도 본 기억이 없어요. 재선에 당선된 후에야 그런 모습을 보이기 시작했고 특히 작년부터 좀 볼 수 있었죠. 아마 오바마 대통령에게 이제 기본적으로 감정을 표현할 수 있는 자유가 좀 더 주어졌기 때문일 거예요. 그리고 오바마 대통령은 경우에 따라 그 자유를 꽤 많이 이용합니다.

아디 그럼 지금까지 하신 말씀을 바탕으로 생각하면 여성 리더에게는 감정 표현을 억제하라고 조언하실 건가요? 공정하지는 않지만 여성 리더가 직원들 앞에서 공개적으로 눈물을 흘리는 것에 대해 사회적인 시각은 여전히 좋지 않잖아요.

가우탐 먼저 저는 남성이든 여성이든 모든 리더에게 감정을 억제하기 위해 열심히 노력하라고 조언할 겁니다. 눈물의 순간이 적어도 조금이라도 효과를 발휘하는 이유는 그것이 드물게 일어나는 일이기 때문이에요. 공화당의 존 베이너John Boehner 의원이 눈물을 자주 보인다는 이야기는 워싱턴 정가에서는 농담의 소재죠. 그가 리더십을 발휘하는 데 눈물이 도움이 된다고 생각하지 않습니다. 버락 오바마 대통령의 눈물이 효과가 있었던 것은 제가 기억하는 한 대통령이 눈물을 흘리는 모습을 우리가 처음 봤기 때문입니다.

그렇기 때문에 저는 남성 리더든 여성 리더든 평소에 늘 감정적인 사람이라면 그런 부분이 어느 정도는 리더십을 발휘하는 데 불리한 조건으로 작동할 가능성이 높다고 말할 겁니다. 그리고 여성 리더에게는 대단히 불공평한 일이기는 하지만 감정 문제에 대해서는 남성 리더보다 더 엄격한 잣대가 적용된다고 말할 거고요.

물론 그녀들이 저보다 더 잘 알고 있을 겁니다. 제가 이야기를 나눠본 여성 리더 중에 이 사실을 모르는 사람은 없었어요. 그리고 감정 문제에서는 남성 리더들과 다른 기준으로 평가받고 있다는 사실에 대해 생각해보지 않은 사람도 없었죠.

하지만 여성 리더를 성별적 특성으로 공격하는 것, 이를테면 저 사람은 지나치게 감정적이고 매사에 심사숙고하지 않는다고 논쟁을 벌이는 일은 사실 너무 뻔한 방법이에요. 마찬가지로 여성 리더도 주변에서 자신을 깎아내리지 못해 안달인 논쟁적 상황 속에서 감정을 통제하기 위해 극도로 애를 씁니다.

새라 지안피에로 교수님, 분노나 눈물 등의 감정과 관련해 덧붙이고 싶으신 말씀이 있나요?

지안피에로 저는 보통 슬픔보다는 분노를 꾸며내 표현하기가 훨씬 쉽다고 생각합니다. 아마 불신보다도 더 표현하기 쉬울 거예요. 자, 제 생각에는 리더가 이런 건 해야 한다거나 이런 건 하면 안 된다는 등 정형화된 틀 속에서 너무 많이 긴장하는 것 같습니다.

특히 정계나 기업의 고위직에 있는 리더, 혹은 대중 앞에 많이 드러나는 리더의 경우 경험 법칙에 따라 상대적으로 제한된 행동을 하는 편이 좋다는 점에 대해서는 저도 대체로 동의합니다. 하지만 아직까지 리더라고 부를 수는 없지만 정말 리더가 되고 싶은 사람이라면 어느 정도 감정도 고려해야 한다고 생각해요. '내가 감정을 드러내고 있는가? 그렇지 않은가?'만을 확인할 게 아니라 스스로 좀 더 구체적인 질문을 던져야 하고 다른 사람에게도 "내가 감정을 어떻게 표현하나요?"라고 물을 수 있어야 하죠.

만일 조직 내의 드러나지 않은 이야기에 주위를 기울이는 사람이라면 자신의 감정은 계속 표출될 겁니다. 고위 관리직에 있는 사람들에게 강의를 할 때 저는 절대

처음에 "감정을 공개적으로 드러내시나요? 그렇지 않나요?"라는 질문을 하지 않습니다. 그보다 "감정을 어떻게 표현하는 편이신가요?"라고 물어보죠.

예를 들어 사람들과 의견이 다를 때 내 생각을 소리 높여 외치는 전형적인 방법은 회의에 나타나지 않는 거예요. 아니면 뒤늦게 참석해서 모두가 활발히 토론하는 동안 아무 말도 없이 앉아 있는 거죠. 이는 실망감, 더 나아가서는 공격성을 아주 눈에 잘 띄는 방식으로 표현하는 겁니다. 자, 감정에 대해 논의하는지, 다른 사람들이 내 감정을 읽었는지, 내 감정을 말로 표현했는지, 이는 전부 다른 문제입니다. 나의 감정을 말로 표현하지 않았거나 눈물을 흘리지 않았다고 해서 강한 감정을 드러내지 않거나 적절하게 표현한 것은 아니에요. 그렇다고 지나치게 감정을 분리하는 것도 보통 매우 부적절하고 전혀 효과적이지 않은 방법입니다.

그래서 저는 리더가 스스로 물어야 할 중요한 질문은 이런 것이라 생각합니다. '지금 무엇을 느끼고 있는지 알고 있나? 이 감정은 누구의 것인가? 왜 그런 감정을 느끼는가? 이 감정은 지금 순간의 감정적 상태를 표현한다고 말할 수 있는가? 아니면 이 감정은 주변에서 일어나는 어떤 일에 대해 무엇인가 말하고 있으며 그에 대해 보다 깊이 생각해야 하는가? 내가 책임져야 할 사람들에게 무슨 일이 생겼는가? 그리고 이 감정을 이해해 유용하게, 그리고 실제로 업무를 진척시킬 수 있는 방식으로 표현할 수 있는가?'

3장

1. "Report: State of the American Workplace," Gallup poll, September 22, 2014, http://www.gallup.com/services/176708/ state-american-workplace.aspx.

2. C. Lamm et al., "What Are You Feeling? Using Functional Magnetic Resonance Imaging to Assess the Modulation of Sensory and Affective Responses During Empathy for Pain," *PLOS One* 2, no. 12 (2007): e1292.

3. U. Dimberg, M. Thunberg, K. Elmehed, "Unconscious Facial Reactions to Emotional Facial Expressions," *Psychological Science* 11, no. 1 (2000): 86–89.

4. S. Korb et al., "The Perception and Mimicry of Facial Movements Predict Judgments of Smile Authenticity," *PLOS One* 9, no. 6 (2014): e99194.

5. J. Gross and R. Levenson, "Emotional Suppression: Physiology, Self-Report, and Expressive Behavior," *Journal of Personality and Social Psychology* 64, no. 6 (1993): 970–986.

6. K. Dirks and D. Ferrin, "Trust in Leadership: Meta-Analytic Findings and Implications for Research and Practice," *Journal of Applied Psychology* 87, no. 4 (2002): 611–628.

7. E. Joseph and B. Winston, "A Correlation of Servant Leadership,

Leader Trust, and Organizational Trust," *Leadership & Organization Development Journal* 26, no. 1 (2005): 6–22; T. Searle and J. Barbuto, "Servant Leadership, Hope, and Organizational Virtuousness: A Framework Exploring Positive Micro and Macro Behaviors and Performance Impact," *Journal of Leadership & Organizational Studies* 18, no. 1 (2011): 107–117.

8. T. Bartram and G. Casimir, "The Relationship Between Leadership and Follower In-Role Performance and Satisfaction with the Leader: The Mediating Effects of Empowerment and Trust in the Leader," *Leadership & Organization Development Journal* 28, no. 1 (2007): 4–19.

9. R. Boyatzis et al., "Examination of the Neural Substrates Activated in Memories of Experiences with Resonant and Dissonant Leaders," *The Leadership Quarterly* 23, no. 2 (2012): 259–272.

10. K. Cameron, "Forgiveness in Organizations," *Positive Organizational Behavior*, ed. D. L. Nelson and C. L. Cooper (London: Sage Publications, 2007), 129–142.

11. Stanford GSB staff, "David Larcker: 'Lonely at the Top' Resonates for Most CEOs," *Insights* by Stanford Graduate School of Business, July 31, 2013, https://www.gsb.stanford.edu/insights/david-larcker-lonely-top-resonates-most-ceos.

12. The Association of Accounting Technicians, "Britain's Workers

Value Companionship and Recognition Over a Big Salary, a Recent Report Revealed," July 15, 2014, https://www.aat.org.uk/about-aat/press-releases/britains-workers-value-companionship-recognition-over-big-salary.

5장

1. U.S. Equal Employment Opportunity Commission, *Job Patterns For Minorities And Women In Private Industry* (2009 EEO-1 National Aggregate Report), 2009.

2. DiversityInc. staff, "Where's the Diversity in *Fortune* 500 CEOs?" October 8, 2012, https://www.diversityinc.com/diversity-facts/wheres-the-diversity-in-fortune-500-ceos/.

3. S. Hewlett et al., "Cracking the Code: Executive Presence and Multicultural Professionals," Center for Talent Innovation, 2013.

4. S. Hewlett et al., "Vaulting the Color Bar: How Sponsorship Levers Multicultural Professionals into Leadership," Center for Talent Innovation, 2012.

5. S. Hewlett et al., "Innovation, Diversity, and Market Growth," Center for Talent Innovation, 2013.

6장

1. L. ten Brinke and G. Adams, "Saving Face? When Emotion Displays During Public Apologies Mitigate Damage to

Organizational Performance," *Organizational Behavior and Human Decision Processes* 130 (2015): 1–12.

2. D. Chance, J. Cicon, and S. Ferris, "Poor Performance and the Value of Corporate Honesty," *Journal of Corporate Finance* 33 (2015): 1–18.

옮긴이 도지영

이화여자대학교 정치외교학과에서 경제학을 전공했으며, 연세대학교 대학원에서 국제통상학과를 졸업했다.
현재 번역 에이전시 엔터스코리아에서 출판 기획자 및 전문 번역가로 활동하고 있다. 옮긴 책으로는 『트럼프,
강한 미국을 꿈꾸다』 『127가지 질문으로 알아보는 중국경제』 『돈의 힘』 『심플하게 말하기』 등이 있다.

KI신서 7713

HOW TO LIVE & WORK #5 진정성 리더십

1판 1쇄 인쇄 2018년 10월 12일
1판 1쇄 발행 2018년 10월 19일

지은이 빌 조지 피터 심스 앤드루 맥린 다이애나 메이어 허미니아 아이바라 에마 세팔라 롭 고피
가레스 존스 실비아 앤 휴렛 새라 그린 카마이클 가우탐 무쿤다 지안피에로 페트리글리에리 아디 이그네셔스
옮긴이 도지영
펴낸이 김영곤 박선영 **펴낸곳** (주)북이십일 21세기북스
콘텐츠개발1팀장 이남경 **책임편집** 김은찬
해외기획팀 임세은 장수연 이윤경
마케팅본부장 이은정
마케팅1팀 김홍선 최성환 나은경 송치헌 **마케팅2팀** 배상현 신혜진 조인선 **마케팅3팀** 한충희 최명열 김수현
디자인 어나더페이퍼 **홍보팀장** 이혜연 **제작팀** 이영민

출판등록 2000년 5월 6일 제406-2003-061호
주소 (우 10881) 경기도 파주시 회동길 201(문발동)
대표전화 031-955-2100 **팩스** 031-955-2151 **이메일** book21@book21.co.kr

(주)북이십일 경계를 허무는 콘텐츠 리더

21세기북스 채널에서 도서 정보와 다양한 영상자료, 이벤트를 만나세요!
페이스북 facebook.com/21cbooks   블로그 b.book21.com
인스타그램 instagram.com/book_twentyone 홈페이지 www.book21.com
서울대 가지 않아도 들을 수 있는 명강의! 〈서가명강〉
네이버 오디오클립, 팟빵, 팟캐스트에서 '서가명강'을 검색해보세요!

© 하버드비즈니스스쿨 출판그룹, 2018
ISBN 978-89-509-7660-6 03320